經濟的幸福力

新人生經濟學

臺灣最具親和力的經濟學家
吳惠林 著

五南圖書出版公司 印行

自序

飛越黑板經濟學，把「經濟學」找回來

從一九六八年隨波逐流進入台大經濟學系就讀，迄今（二〇一四年）三十六個年頭，就一直在經濟領域裏，由學習、研讀、研究、寫論文、教書到撰寫通俗文章傳播基本經濟觀念，對於主流經濟學的演進卻愈來愈疑惑和不能認同，也愈來愈能領會奧國學派大師米塞斯（Ludwig von Mises, 1881~1973）早在一九四九年於其巨著《人的行爲》（*Human Action*）中說的「當今大多數的大學以『經濟學』這個名稱講授的東西，實際上是對經濟學的否定」。

大道無形、大道至簡至易

而且也愈來愈能領悟一九七六年諾貝爾經濟學獎得主弗利曼（M. Friedman, 1912~2006）在一九八五年三月二十一日，應美國德州聖安東尼奧的三一大學（Trinity

University）之邀，講述其「我成爲經濟學者的演化之路」講詞的結語：「……經濟學是一門迷人的學問。而最令人著迷的是，它的基本原理如此簡單，只要一張紙就可以寫完，而且任何人都可以了解，然而眞正了解的人又何其稀少。」

同時，我也更能體會芝加哥學派的始祖奈特（F. Knight,, 1885~1972）對其試題幾十年不變之解釋：「試題雖相同，答案卻有異。」之內涵。此外，對經濟學鼻祖亞當．史密斯（Adam Smith, 1723~1790）的《原富》（*An Inquiry into the Nature and Causes of the Wealth of Nations*）爲何歷久而彌新，以及「大道無形、大道至簡至易」等道理，我也似乎愈來愈能領略。

畢竟經濟學的探索對象是「人」，而人是萬物之靈，「人之異於動物幾稀矣！」這麼一點點差別卻有「差之毫釐，失之千里」的結果。兩百多年的發展，「經濟學進步了」的說法應較被認同，尤其自所謂的「總體經濟學」竄起之後，這種說法更被確認。然而，就只針對「經濟學是在研究人的行爲」這一命題，在「行爲人」這個關鍵點就有非常值得作正本清源之商榷。

人的行爲能標準化嗎？在數理經濟、數理模型，以及計量經濟學早已盤踞經濟學領域核心之際，答案是什麼已可思之過半矣！一門學問是「有系統地解釋現象」，那麼，將人的行爲尋求系統性、規律性的解釋也理所當然，由而「原理」的出現也是必然。「比較利益原理」、「供需原理」等等都是最基本、最爲人熟知的例子，這些原理也都能以圖形、數字，甚至數學式子，利用黑板來演算、說明。然而，這些分析、說明都需要假設和前提條件，可以說是在「既定」的模子下推導。問題是：黑板上的演練結果能否運用到實際人生？

既然對象是「人」，而人是會思考、有靈魂的個體，就某一個人來說，對於自己都難了解了，如何能得知另一個人的想法，何況周遭的環境，以及人、事、物都是變化不居的。原理原則是一般性的，但「具體」是怎樣，可說根本不可能得知，因而每個人都需要去摸索、去嘗試，或以別人的經驗作爲自身決策的參考，在不斷的失敗當中改進、學習，而人際間、人與自然間也持續演化出規則、秩序來。

跳脫「黑板經濟學」找回「眞人」

雖然說生活在地球上的人都在尋求幸福，但幸福的內涵卻也不是放諸四海皆準的，只有回到活生生的「個人」身上，讓行爲個人決定才是最適當的。市場、競爭、比較利益的決定主體，應該都是個別行爲人。就是在形形色色的行爲人互動中，激盪出分工合作、各個市場的規則，以及各式各樣的組織。到了凱因斯經濟學配合著自然科學分析工具的出現，竟然逐漸演變成整體社會可置於一個可以擺弄的模式中，而政府可利用政策工具作「精密調控」，讓活在此模式裡的人都能過著幸福美滿的生活。

儘管稍微思考一下就可知不可思議，但現實世界的人間卻一直這樣進行著，縱然不斷發生問題，仍然無法改變。原因可能有許多，最微妙的看似簡單基本觀念之內涵，無法被眞正了解應是關鍵，由弗利曼的感慨也可清楚、明白了。不過，由一九九一年諾貝爾經濟學獎得主寇斯（R.H. Coase, 1910~2013）的「黑板經濟學」說法，最能傳神且一針見血地點出癥結所在。

所謂的「寇斯定理」膾炙人口，似乎已被充分了解，然而寇斯在一九八八年於〈闡釋社會成本問題〉這篇文章，就近三十年這麼長時間裡各家對該定理的褒貶提出總回答時，說絕大多數的討論都沒搞清楚他的論點，而他的論點最主要的也只不過是呼籲經濟學家們走出「黑板經濟學」裡交易成本爲零的世界，大家共同回到到處都是交易成本的現實人生，研究解決人生問題之道。他在該文最後以政府最常用的租稅制度爲例，引用包莫（W.J. Baumol）的話：「總括來說，要一五一十實施庇古氏租稅制度，我們實在沒有什麼理由抱持太大的信心。實施這個制度所需要的租稅，或所需給予補貼的額度，我們不知道應該如何去計算，也不知道如何由嘗試錯誤中去算出大概的數字。」來指明包莫所說的「庇古派傳統的結論本身，實際上是沒有瑕疵的」，應是邏輯上沒瑕疵，而且假定能將該制度付諸實施的話，資源配置可達最適，但事實上這些稅制方案是無法施行的。寇斯說：「就這一點而言，我從來沒有否認過。我的看法不過是，這些稅制方案只是些夢想罷了。當我年輕的時候，有人說，說不出口的蠢話，可以用唱的。而在當代經濟學中，說不出口的蠢話，則可以用數學來表達。」

我很同意寇斯對當代經濟學的針砭，但並不否認黑板經濟學可以訓練學習者清晰的邏輯推理，只是切忌全盤用到眞實人生，以爲人生問題眞的能夠精確量化，且政府政策可完滿解決。爲了對此看似簡單的理念得以普及，個人二十多年來不斷爲文作通俗化觀念的傳佈，也曾將這些文章集結成書出版。

通俗化經濟觀念的傳佈

在一九九二年，有感於社會裏普遍瀰漫著對經濟學的誤解，肇因可能一大堆，但缺乏正確觀念的中文讀本應是要因之一。當時雖有不錯的中文『教本』出現，但活用經濟學理解析人生的讀物卻仍難尋。於是出版了《人生經濟學》這本三萬字的小冊子，將幾個基本原則和供需原理之內涵詳予解析，再配以數篇日常生活事務的經濟分析，導引讀者認識生活經濟學，體認經濟學是研究「活生生」的「人」之一門學問，目的在增進每一個人的福祉。

十三年之後的二〇〇五年，個人不但依然認同經濟學是以「活生生」的「人」爲對象，經濟學是切合人生的這些根本性概念，甚至於覺得還應該加倍強調。而且，對於被尊爲「經濟學鼻組」的亞當・史密斯，其所特別著重的倫理道德，竟被當代主流經濟學幾乎完全忽略，甚且人類爭權奪利，爾虞我詐，人心敗壞幾至「人人爲近敵」，而失去倫理道德基礎的經濟學，應該也扮演了份量頗重的推波助瀾角色。於是將「理性自利」很小心的導向「無私」，又加入〈誠信是經濟學的根本〉、〈「共用財」的迷惑〉、〈「長成的」與「做成的」創新〉、〈經濟思潮與政府角色的演化〉四篇新文章，以增修版面世。特別加入「誠信」、「無私」、「個人責任」，以及「政府適當角色」這些最基本、最重要的內容，就使該書更貼近眞正的「人生」。

如今，九年的時間瞬間飛逝，這九年物換星移，天災人禍不但未減，還更頻繁且強度更大，南亞大海嘯、四川和青海大地震、SARS 風暴、H1N1 流感、台灣八八風災、海地和智利大地震、日本福島強震等等天災接二連三報到，並造成重大損失，而氣候的大變異，南北半球異常冰寒、酷暑的大對比，引發《明天過後》、《二〇一二》描述地球面臨崩毀影片的大賣座，「世紀末」預言也被熱烈談論。

千錯萬錯都是人的錯

「天地不仁，以人爲芻狗」是評論者最常用來評斷天災人禍的話語，這是怨天怨地，責怪天地戕害人，好似人類是何等無辜、可憐！是這樣嗎？爲何人類不會自我檢討，看看自己是否犯了錯，而且一錯再錯，最後才落到「人不治天治」的悲慘局面？

在這其中，經濟成長過了頭，恐怕要負很大的責任，而對「錢的本質」無知、對市場的誤解，以及錯誤經濟觀念的誤導則是源頭。有鑑於此，導正經濟觀念，進而擴大影響範圍，更顯現出的確是一項重要的工作。乃進一步將「錢」、「競爭」、「市場失靈」、「外部性」、「成長的迷思」、「幸福指數」這些現今非常關鍵的理念，各以專章加入，雖使小書篇幅增加，但應更爲完整。爲免讓讀者產生排斥，原本捨棄「經濟學」書名，以平易近人的名字呈現，但轉念一想，還是覺得「新人生經濟學」較貼切。期盼本書能打動人心，喚起人民的思考，讓人間社會不再沈淪，進而向上提升。

本書的出版得感謝廖皎伶小姐的辛勞，電腦打字、排版、資料整理，也感謝五南出版公司張毓芬小姐慨允出書，及該公司人員的封面設計、編排、校對也在此一併致謝。當然，個人最希望地還是本書能對台灣莘莘學子及一般民眾具有刺激、啓發和引導作用。

最後必須強調的是，在本書中，我已深深覺悟到必須揚棄「自私自利」，讓人間眞能「誠心誠意」地分工合作，而「誠信倫理」的重新尋回也當然是當務之急，經濟學必須返還亞當·史密斯重視倫理道德，也應是不辯自明的啦！

吳惠林　謹識

二〇一四年九月二日

目次

1 經濟學的誕生

一般都認爲，經濟學之成爲一門有系統的學問，是始自一七七六年《原富》（*An Inquiry into the Nature and Causes of the Wealth of Nations*）這本書之問世[1]，迄二十一世紀初已有兩百三十多年的歷史了。但是對於「經濟學到底是什麼？」或「經濟學的定義爲何？」這個最基本的問題卻似乎尚未有標準答案！而且，或許以後也不可能有。不過，既然經濟學是一門有系統的學科，而且又被稱爲「社會科學之后」，是應該有其明確的定義及涵蓋之範圍。的確，市面上充斥的基礎教本中都有，我們先列舉一些著名學者所下的定義，而後再試著歸納出一個本書所將用的定義[2]。

研究財富，更是研究人

《原富》的作者，也是通稱爲經濟學的始祖——亞當．史密斯（Adam Smith, 1723~1790）說：「經濟學是在探索各國財富的本質和成因。」新古典經濟大師馬夏爾

（A. Marshall, 1842~1924）則說：「經濟學一方面是研究財富，而更重要的另一面是研究人。」羅賓斯爵士（Lord Lionel Robbins, 1898~1984）將經濟學定義爲「研究人如何在目標和稀少工具間作行爲的科學。」一九七六年諾貝爾經濟學獎得主弗利曼（M. Friedman, 1912~2006）則簡單的將經濟學看做「一個特定社會如何解決其經濟問題的科學。」而一九七〇年諾貝爾經濟學獎得主薩繆爾遜（P. A. Samuelson, 1918~2009）說：「經濟學是研究人和社會如何作選擇，亦即如何運用稀少的生產資源來生產各種財貨，而且將它分配給人們消費。經濟學是以成本和效益分析如何促進資源的使用。」奧國學派大師米塞斯（Ludwig von Mises, 1881~1973）則直截了當的定義經濟學是在「研究人的行爲」。

儘管各位大師都以不同的話語來定義經濟學，但他們卻也都將重點置於「人」和其所處之「社會」，而且強調資源的「稀少」，以及慾望卻是「無窮」的[3]，因而必須從事「選擇」行爲，所依據的準則是「成本」最小，「收益」最大。這是薩繆爾遜的標準說法，也是當今經濟學教本的通用定義，畢竟它們都脫胎於薩繆爾遜那本銷路曾經僅遜《聖經》的《經濟學》（*Economics*）。[4]

必須特別提醒注意的是，經濟學所強調的成本是「機會成本」，除了包括有形的會計成本外，還要計入無形的隱含成本，譬如：經營商店者，除要考慮房租、進貨成本外，必須計入自己若將時間受僱於他人可以得到的「薪水」或報酬。由此可知，雖然機會成本是經濟學強調的，卻非經濟學專用的，而是一般日常生活中所有人都應以此概念來求算成本，否則某些成本會被忽略掉。此外，對於成本的估計和計算，是行爲者個人的主觀決定。

綜合各家的定義，本書採取米塞斯的定義，亦即經濟學是研究「人的行爲」的一門學科，因此，凡是合於「成本效益」分析的「人的行爲」，就是經濟學研究的對象。準此，經濟學的涵蓋範圍也就極爲寬廣了，小自生育、上學、交友、婚姻、就業、健康、上教堂、死亡等等個人的自身事件，大到經濟成長、通貨膨脹、充分就業等等整個社會的課題都涵括在內。應該再強調的是，所有的課題都環繞在活生生的「個人」，亦即以「人」爲主體，而「人」是有思想、有靈魂、具主觀價値的生靈，尤其應具備基本的誠信倫理道德。

如何提供物品？要提供何種物品？爲誰提供物品？

既然如此，每一個人都可由自身想起，先自問：「我爲何而活？」或「人生的意義是什麼？」儘管幾乎每一個人一出娘胎都會以「哭聲」來抗議降到人間，也似乎預知人生充滿苦難、人是要來受苦的。但既然已經來到人間，如果不想自我了斷（也不應該如此），就會有達到某種目標的希望。就因爲要達成所希望、所追求的目標，每一個人才會無時無刻的去做「行爲」。那麼，我們每一個人到底在追求什麼呢？吃更好的食物、穿更好的衣物、住更華麗的洋房、開名牌的汽車、聽演唱會、旅行……，或是當慈善家濟助別人，甚至於什麼都不做而「閒著」。

儘管個人的標的之內容並不會相同，但卻可將這些行爲的最終目標以「滿足」來涵括，也可以說是「幸福感」。滿足或幸福的得到，最直截了當的是靠「消費」物品，這裏的物品包含了「有形財貨」和「無形服務」，前者如食物、汽車，後者如愛情、休閒。既然是物品，不太可能是天上掉下來，必須有人來提供。問題又來了，如何提供？要提供何種物品？又，爲誰提供呢？這三個問題一般也就被認爲是經濟學的核心課題。

如何提供好像是只屬於「供應者」或「生產者」的事，其實不然，生產者必須利用生產因素（或要素）才可以得出產品，而生產因素可以分爲「人力資源」和「非人力資源」兩種，前者包含勞動的量和質，後者包括資本和土地（或自然資源）。因此，如何提供產品是由生產者和生產因素擁有者一起完成的，這也涉及生產因素到底要供應多少的課題，而生產因素的需求者是產品的生產者，而生產因素提供者則是因素的擁有者。而要提供何種物品呢？這也涉及物品的需求者和供應者雙方的共同行爲。至於爲誰提供或生產呢？當然也有著供給和需求者雙方了。

因此，經濟學的三個核心問題都涉及供需兩方，當然由他們共同來解決，而要使雙方有交集，必須有場所作爲雙方的遇合處，在經濟學裏，就以「市場」稱呼這個供需雙方發生交集行爲的場所，亦即「交易的場所」。在市場中，供需雙方經由互動就可得到答案，決定產品數量的市場就叫「產品市場」，決定生產因素數量的市場則爲「因素市場」。

由於人的行爲之最後目的在求得滿足，而產品才有此種功能，因此產品的需求就被稱爲「最終需求」。而爲了產品的生產，必須利用生產因素，因而對於生產因素的需求乃被稱爲「引申需求」。至於市場中的供需雙方如何決定彼此的供需量，最重要的指標或訊號就是「價格」，稱它是市場經濟的靈魂一點都不爲過。至於個別供給者和需求者如何依賴價格作行爲，而且是作選擇行爲，我們留待下文解析供需原理時才以實例作詳細的解說。

貨幣是人人都認可的交易媒介或工具

供給者和需求者在市場中進行選擇行爲，我們可以說是「交易」，他們當然可用「以物易物」來互通有無，但此種「實物交易」非常麻煩，尤其產品種類增多，交易者增加之後，以物易物的方式愈來愈行不通，於是就有「人人都認可」的「交易媒介或工具」之出現，現今通用的交易媒介就是「貨幣」（money）。貨幣固然是很方便的交易媒介，但其數量過多是會形成大禍害的，我們時常聽到的「通貨膨脹」（inflation）就是，它的意思是「一般物價長期且高幅度的上漲」。因此，貨幣數量的控制就非常重要。那麼，這種具有重要功能卻又可能會產生災難的「貨幣」，應由誰來負起製造和控制的責任呢？[5]在一個自由民主社會裏，演變到如今，被認定由人民自願組成的「政府」來擔當最合適，除了擔任此種功能外，政府還有保障個人免受他人暴力脅迫及提供私人不想供應的「共用財」（public goods）[6]之任務。這些功能的目的也都在「增進」每一個人的幸福。

上文簡略的將經濟學的意義作了說明，並強調其主體是擁有行爲能力的個別「行爲人」，而這門學問的目的則在於增進每一個人的福祉。那麼，經濟學爲何能如此呢？在回答這個問題之前，我們先談一談經濟學對於個人有何用處？這就是下一章接著要分析的主題。

註釋

1 這本書最為人知的中文譯名是《國富論》，但此譯名比《原富》（這是翻譯大師嚴復最先翻譯時的中文書名）差，非但無法表達原書意旨，且會引發國與國間的經濟戰爭（經濟國家主義），已故的自由經濟前輩夏道平先生曾在一九八八年為文作明確解析。（請見夏道平，〈經濟學者應注意的一個小小「s」〉，《經濟前瞻》，第十二號，一九八八年十月十日，中華經濟研究院。）

2 「經濟學是什麼？」這個通用的問句，曾被古典經濟大師范納（Jacob Viner, 1892~1970）很不客氣的回說「經濟學就是經濟學家們所做的事務」，而另一位大師奈特（Frank Knight, 1885~1972）又接了一句「經濟學家們則是那些以經濟學為業者」。這兩位大師的玩笑話點出這句通用問語有漏洞，應換以「經濟學是什麼知識？」或「經濟學是一門什麼學問？」較恰當。

3 當前社會裏，雖然「慾望無窮」被認為司空見慣，但往往會演變為「貪得無厭」，如果人人能克制慾望，以「適可而止」，甚至以「小就是美，少就是多」作為行為準繩，或許「永續發展」得以自然地實現。

4 該書一九四八年面世，對於經濟學的推廣和成為社會科學之后卓有貢獻。

5 貨幣的面目已經模糊不清，或許就是二十世紀以來金融風暴和經濟大恐慌的肇因。關於貨幣的真相，第七章再做較清楚的分析。

6 「共用財」是個不簡單的課題，請見第二十三章的扼要討論。

2 學習經濟學的四個理由

上一章已點出經濟學是研究「人的行爲」之一門學科，而且也把人的行爲之最終目的定義爲「追求滿足或幸福」。既然如此，每一個對經濟學躍躍欲試的人自然會問：經濟學能給個人帶來滿足或幸福嗎？或者換句話說：經濟學對人到底有何用處？

鑽研法律經濟學的經濟學者大衛．弗利曼（David Friedman，是全球最知名的自由經濟學家，也是一九七六年諾貝爾經濟學獎得主密爾頓．弗利曼（Milton Friedman, 1912~2006）的兒子）在其《價格理論》（*Price Theory*）一書的最後一章提供我們一些答案。他首先指出，目前基本經濟學教本的通病，是只教導一些關於經濟學的東西，並沒有讓受教者懂得經濟學，因而學過者往往只會在某些場合賣弄一些經濟名詞，卻不會去應用。

在尚未介紹經濟學的基本原理之前，爲了引起讀者的修習興趣，還是先告訴大家修習經濟學有些什麼好處。一般而言，至少有四種好處。

擁有經濟學理的一技在身，解析事務更清晰

其一，以往的經濟學家在「理性」原則下，發展人的行爲理論過程中，已經得到許多有關如何理性的去作行爲的想法。我們也許對於行爲的「標的」或應該追求什麼知道得很少，但一旦選定一組或某個目標之後，由於學過了經濟學，我們就能夠得知達到目標的最佳途徑。因爲一旦我們了解邊際成本、邊際效益、沉沒成本，以及現值等等基本概念之後，我們就會發現，它們在我們生活中如何作決策是很有用的工具。舉個例子來說，當你要做是否再花費幾個禮拜去尋找更便宜的房子或車子時，並不是要關心是否能找到最便宜的房子或車子，而是應關心這種蒐尋行爲所獲得的預期報酬是否大於或小於所耗費的邊際成本。如此一來，我們就可以得到較爲正確的思考方式。

其二，修習了經濟學之後，我們就可以比較了解並預測其他人的行爲，尤其在得知許多人行爲的影響效果之後，我們在規劃自己的生活時，可以將之納入自己的思考範疇，當然有益於個人生活福祉的增進。譬如說，如果你是股市投資人，在了解其他投資人的行爲後，會較有利於自己的買賣；如果你是一個學生，也可以更爲明確的預測不同職業的未來薪資報酬。當然，只有經濟學的知識並不足以完成此種任務，必須配合事實和判斷才能成事。不過，具備了經濟學知識之後，也才能夠有效的蒐集資料、活用資料，從而作出較爲理想的判斷。

其三，研讀經濟學可以有希望成爲一位專業的經濟學家，如此，你或許可以教授經濟學、或許能夠創造新的經濟理論，或者在受僱於人之餘，你也可以應用經濟理論回答你的老闆所想知道的問題之答案。我可以舉自己當例子，因爲我本人就是以經濟學爲業，依靠活用經濟學作現實問題的研究、教授大學生及一般人經濟學理，以及利用經濟學理針砭政府政策或分析時事，既可以獲取報酬，又能得到滿足感。對我來說，經濟學專業者具有最大的誘惑力，否則我早就另擇他就了。不過，正如大衛．弗利曼所言，我雖然傳佈經濟學理，也希望讀者多多修習經濟學理，但如果基於「理性」自利的原則，我應該並不那麼希望能夠說服許多讀者走上我從事的這種職業，因爲太多人成爲經濟專業者會使供給增加，如果需求不能提升，我的貨幣所得便會顯著下跌。如果你們眞的非走往這條經濟專業者之路不可的話，我也希望不要跟我同一學門，或者等我退休或簽訂終身契約之後再進來，否則難免損害到我的利益。可是，如果進一步思考作育英才的滿足感，答案或許會不一樣！

其四，研讀經濟學是很有趣的，一旦你有經濟學理的一技在身，便會使用邏輯推理，將環繞在四周的一些事務作有意義的分析，你將會比別人把問題看得更透徹，譬如二〇一四年初，包括美國紐約洋基在內的五支大聯盟職棒隊，爲何以「天價」爭搶田中將大這位日本的棒球明星、爲什麼穀賤傷農、爲什麼房租不能管制、爲何最低工資率反會傷害應被保護的弱勢勞工、名模林志玲爲何會暴紅且爲何她會急著學習當節目主持人、演藝人員的浮沉爲何特別大等等市井之間茶餘飯後的閒談事，經由經濟學理的解釋，不但有意思而且也很有用處。

別以結果來否定選擇，錯誤是成長的開始

當然，以上所提的四項修習經濟學的好處只是概括性的，我們還可以舉出更多，但我想這四項應已足夠吸引讀者有興趣修習經濟學了吧！其實，最有意思的應是，一些表面上看似對的事，在簡單經濟學理的檢視下，往往得到相反的結果，東方的「愛之適足以害之」、西方的「到地獄之路往往是好意所鋪成的」，以基本經濟學理得到清楚剖析。這四種修習經濟學的好處最終都歸結在修習者的「個人」身上，也就是說，都能提升修習者的幸福。

當我們具備了足夠正確經濟學的基本知識後，自信心可以建立，看問題可以更透徹，事情也得以看得較開，自尋煩惱也可以減低，尤其當明白了「做某種行爲」的當時，就是在內外在條件限制下的最適選擇，因而不能以事後的結果來否定當時的選擇時，便可減少「後悔」及「自怨自艾」的痛苦，而且能將錯誤當成繳交學費，不但會作爲啓示來避免再犯同樣的錯誤，而且也可以養成不斷加入新知以修正選擇，而使自

己得以愈來愈開朗、進步，由而福祉也就提升了。因此，經濟學是做「事前」分析，依事實作判斷基礎。

不過，我也要鄭重提醒讀者，經濟學理的修習過程並不輕鬆，因其思考路徑並不短，也不筆直，而且有些抽象。除了需具備「簡化」事項的功夫外，邏輯推理、冷靜的思考，腦中永遠存疑的態度更不可或缺，尤其重要的，要有一顆溫暖的心，也就是古典經濟學家馬夏爾的名言：「冷靜的腦，溫暖的心」，而且必須時刻記住經濟學理的「基本原則」。

那麼，經濟學的基本原則又是什麼呢？請見下文一一分解。

3 經濟學第一原則——天下沒有白吃的午餐

在稍微了解經濟學的意義及其功能之後，或許讀者已準備要進入研讀經濟學了。而由第一章中已經隱約得知，任何一個人，在日常生活中，時時刻刻都在做「選擇」行爲，而一般人應該都希望得到「價廉物美」的東西。到底物美價廉的意義何在呢？我們是否可以這樣說：「價廉物美是一種感覺，是存在每一個人心中的，不同人之間很難比較，甚至於無法相比的。」同一個時候，同樣的一種物品，某甲認爲一百元已是物美價廉了；而某乙卻可能覺得七十元才是價廉物美的。

原因無他，該物品在某甲的心目中比在某乙的心中價值高，這也就是說，同一種物品，在每個人的心中是各有所「值」的。即使是相同的一個人，在「不同時候」對同樣的一種物品，也可能有不同的評價。因此，若依各個人的主觀決定，任何事情就很難相互比較了，爲了能作「客觀」的比較，我們必須假定一些可以「共同」接受的標準來遵守。在諸多標準中，「價格」就是最重要的一種。

就以「價格」這個準則來看，上面的例子中，七十元的物品比一百元的同樣物品來就是「價廉」，或者是「便宜」的意思。日常生活中，我們通常也都以這種「貨幣」的價格作爲便宜與否的標準。但是，這樣子的便宜說法，是否眞的就是「眞便宜」了？我們就由一個例子談起。

消費者願意排隊用餐，一定是根據「邊際」法則決定的

艾克蘭德和拓利遜兩人所著作的《經濟學》教本中舉了這樣的一個例子，二〇〇五年八月底卡崔娜颶風肆虐之前的美國紐奧爾良（New Orleans）是一座以美食聞名的城市，許多著名的餐館林立，其中有一家名叫卡拉脫里（Galatoire's）的法式餐館又比較特殊。特殊之處在於，雖然供應大家一致公認的高品質食物，但與其他有名的餐館相較之下，其價格卻被認爲相對的低，而且所謂的低價已經有好幾十年的歷史了。

在「貨幣價格」的準則及一般人看來，這家餐館的食物就是物美價廉了，不過，再深一層思考，就會發現不是這麼一回事。並不是說店主耍詐，也不是說另外巧立名目收費。原來，這家餐館自成立以來未曾擴充，但因聲名遠播，風聞而來的顧客愈來愈多，於是，每當中午和晚上的用餐時間，該飯館外面就大排長龍，而且跟別家飯館不同的是，這一家飯店不接受事先訂位，也不接受信用卡（完全是現金交易），直到

數年以前還規定男顧客需打領帶或穿西裝，甚至禁止女客人穿長褲進入呢！

如此一來，我們便可重新估算在這家飯店用餐的「眞正價格」了。除了菜單上的標價和小費外，排隊等待的「時間成本」（不要忘記，時間對於任何人而言是種極爲稀少的資源，尤其對高所得者更是，因爲如果將排隊的時間去做別的事，會有報酬，而所得愈高者其單位時間的報酬也愈高），著裝赴宴所費的時間和其他的成本（如受拘束的感覺之精神成本）都需要考慮在內。而且，抵達該飯館時隊伍長短的不可預測性，也是估算眞正價格的重要因素。

如果將這些應算而未算的成本加進來，在該飯店用餐是否還會算是低價呢？當然，如此而得出的眞正價值一定高於菜單上的標價。類似菜單上的價格就是日常通用的「貨幣」價格或「會計」價格；而將各種成本加總之後的價格則是經濟學上所用的「充分」（full）價格，或者機會成本概念的價格。因此，表面上看來是便宜的東西，在經濟分析的審視下，並不是眞便宜呢！當然，不同的人有不同的機會成本，因而每個人所應支付的充分價格也不一定會相同的。此時也應更能了解機會成本和充分價格不應只是經濟學的專門用語，而應是日常生活中必須應用的呢！

如上所言，時間成本比較高者，充分價格也比較高；不喜歡盛裝用餐的人，充分價格也比較高，到底如何加以估算，是很難找到客觀標準的。不過，可以斷言的是，消費者之所以願意排隊在該餐館用餐，一定是根據「邊際」法則決定的。在此例中就是說，這個消費者之所以願意進到該餐館用餐，他一定認爲選取這種行爲所能得到的收益至少等於所要花費的成本，雖然確切的數據難以測量，但每一個人一定有一個數字存於他（她）心中。

不只是上餐館有貨幣價格和充分價格之分，任何一種消費物品和勞務的行爲都是一樣。過年過節，我們常見的百貨公司打折賤賣，不是人潮洶湧、貨一售出概不退換，就是不准試穿或有瑕疵。除了這些常見的事例外，日常生活中也隨時可見相同的例子，讓我順手再舉個身邊的實例說明。

一個流動攤販的例子

數年前，在寒舍樓下街角，有位賣滷味的流動攤販，其製品不但味道好，而且價錢低於一般水準，但他每天晚上過了九時才會出來，而且每天有一定的賣量。有什麼情況發生，相信大家一定能猜測個大概：九時未到，該街角就已聚集排隊人群，如此，能買到者不是已經多付了排隊等待的代價了嗎？何況說不定還買不到呢！

這個例子並非個案或特例，日常生活中時常可見「免費」、「一元便當」等等噱頭。究其內涵終究可以歸結到「天下沒有便宜貨」這一條鐵律。那麼，爲何我們實際上支付的價錢不是像看得見的貨幣價格那樣？除了人的主觀價值難以客觀量化外，最重要的因素就在時間這種資源。對於時間的重視，將之視爲稀少投入品，加以引入個人行爲作嚴謹分析的，是人力資本理論學者、一九九二年諾貝爾經濟學獎得主貝克（G. S. Becker, 1930~2014）教授的重要貢獻（先驅者則可推至奧國學派的學者）。也就是由於貝克將時間因素巧妙的引進個體經濟分析，乃使經濟學突破傳統的窠臼，而且穩住了自由經濟理論的地位。

撿便宜貨，先打打算盤

不過，雖然沒有一般人所謂的「便宜」這回事，但對每一個人而言，每一種行爲卻應該都是「值得的」。道理很簡單，在所具備的知識、情報、所得，以及外在環境的限制等等條件下，你之所以會「自願」去做某種行爲，一定在腦子裏已衡量過「收益大於成本」，至少兩者是相等才會去做。而個人往往是認爲「得到的」高於「付出的」，這也就是「各盡所能，各取所值」的基本道理。這也就是下一章我們將介紹的「理性的人」的「理性自利」準則。

在社會上，類似上文分析的「天下沒有便宜貨」的情況，是眾所周知的「天下沒有白吃的午餐」這句名言所形容的情形。即使是別人「免費」招待（不必自己支付飯錢）的午餐，而且又派專車接你赴宴，最起碼你還得花時間享用這頓午餐，而且也須顧及坐車時間和欠人家一份情，這些因素所顯示的成本，就會使你「白吃」的代價不知有多少了。如此看來，機會成本概念下的「充分價格」才眞的是人的行爲之準繩。

不管是有形或無形的資源，都必須付出代價才可以使用

經由以上的分析，「便宜」或是「免費」的說法似乎很難站得住腳，或可說根本不存在。原因何在？追根究柢，還是回到經濟學的根源：稀少性。不管是有形或無形的資源，都必須付出代價才可以使用。但是，話又說回來，如我們在上文也提過的，對每個人來說，自願成交的「交易行爲」在交易發生的當下都是値得的。在此種概念下，在當事人的心目中，這些行爲不是也都可說是「便宜」的嗎？否則根本不會去做。

因此，若由個人「主觀」的立場來看，任何自由自在發生的事，在當事者的眼裏都是便宜的，不過，這種便宜的算法並非日常生活中以「貨幣」價格所表示的，而應該是由機會成本概念計算出來的「充分」價格。再以先前所舉的餐館例子來說，一定有些高所得而且又是美食者的人，沒有進到該餐館去，因爲餐點的貨幣價格，對這些人來說雖低，但充分價格卻非常高，他們覺得，到這裏用餐一點也「不便宜」呢！

任何人都有一種以上的選擇機會，但卻只能擇取一種

最後，我們再對這個經濟學裏第一個基本原則——機會成本，作進一步的解說。在某一個時點，任何一個人往往都有一種以上的選擇機會，譬如現在你就必須在「看這本小書」、「看電視」、「閒逛」、「睡大覺」等等方式上作選擇，但卻只能擇取一種爲之，而你現在就是在看我這本書，於是放棄了其他的選擇機會，那麼，你看我這本書的機會成本是多少呢？由於若你拒絕唸我這本小書時，有「看電視」、「閒逛」……等選擇機會，但也只能擇一種爲之，譬如說你選了「看電視」。如此，你讀我這本書所花費的代價或所遭受的損失就是不能看電視了，那麼，看電視所能帶給你的好處就是你看我這本書所要花費的「機會成本」。

我們再杜撰一種情況來說明，假設有甲、乙、丙三種可供選擇的工作，甲工作的報酬爲每小時一百元，乙工作爲九十元，丙工作爲八十元。這個時候，在其他條件都相同下，我們當然會選甲，而必須放棄乙、丙，於是甲的機會成本就是乙、丙中報酬較大的一種，也就是九十元。同理，乙工作的機會成本是一百元（即甲工作的報酬），而丙工作的機會成本是多少呢？答案也是一百元，想通了嗎？若想不通，請再重看本文一遍或幾遍。

「天下沒有白吃的午餐」在一九一一年就由已故的廿世紀全球首富兼慈善家洛克

斐勒（John D. Rockefeller, 1839~1937）寫給其兒子的信明示出來，茲將全信摘錄如下：

親愛的約翰：

我已經注意到那條指責我吝嗇，說我捐款不夠多的新聞了，這沒什麼。我被那些不明就裡的記者罵得夠多了，我已經習慣了他們的無知與苛刻。我回應他們的方式只有一個：保持沉默、不加辯解，無論他們如何口誅筆伐。因爲我清楚自己的想法，我堅信自己站在正確的一方。

每個人都需要走自己的路，重要的是要問心無愧。有一個故事或許能夠解釋，我很少理會那些乞求我出錢來解決他們個人問題的理由，更能解釋讓我出錢比讓我賺錢更令我緊張的原因。這個故事是這樣說的：

有一家農户，圈養了幾頭豬。一天，主人忘記關圈門，便給了那幾頭豬逃跑的機會。經過幾代以後，這些豬變得越來越凶悍，以致開始威脅經過那裡的行人。幾位經驗豐富的獵人聞聽此事，很想爲民除害捕獲牠們。但是，這些豬卻很狡猾，從不上當。

約翰，當豬開始獨立的時候，都會變得強悍和聰明了。

有一天，一個老人趕著一頭拖著兩輪車的驢子，車上拉著許多木材和糧食，走進了「野豬」出沒的村莊。當地居民很好奇，就走向前問那個老人：「你從哪裡來，要幹什麼去呀？」老人告訴他們：「我來幫助你們抓野豬呵！」眾鄉民一聽就嘲笑他：「別逗了，連好多獵人都做不到的事你怎麼可能做到。」但是，兩個月以後，老人回來告訴那個村子的村民，野豬已被他關在山頂上的圍欄裡了。

村民們再次驚訝，追問那個老人：「是嗎？眞不可思議，你是怎麼抓住牠們的？」

老人解釋說：「首先，就是去找野豬經常出來吃東西的地方。然後我就在空地中間放一些糧食作陷阱的誘餌。那些豬起初嚇了一跳，最後還是好奇地跑過來，聞糧食的味道。很快一頭老野豬吃了第一口，其他野豬也跟著吃起來。這時我知道，我肯定能抓到牠們了。」

「第二天，我又多加了一點糧食，並在幾尺遠的地方樹起一塊木板。那塊木板像幽靈般暫時嚇退了牠們，但是那白吃的午餐很有誘惑力，所以不久牠們又跑回來繼續大吃起來。當時野豬並不知道牠們已經是我的了。此後我要做的只是每天在糧食周圍多樹起幾塊木板，直到我的陷阱完成爲止。」

「然後，我挖了一個坑立起了第一根角樁。每次我加進一些東西，牠們就會遠離一些時間，但最後都會再來吃免費的午餐。圍欄造好了，陷阱的門也準備好了，而不勞而獲的習慣使牠們毫無顧慮的走進圍欄。這時我就出其不意地收起陷阱，那些白吃午餐的豬就被我輕而易舉地抓到了。」

這個故事的寓意很簡單，一隻動物要靠人類供給食物時，它的機智就會被取走，接著牠就麻煩了。同樣的情形也適用於人類，如果你想使一個人殘廢，只要給他一對枴杖再等上幾個月就能達到目的；換句話說，如果在一定時間內你給一個人免費的午餐，他就會養成不勞而獲的習慣。別忘了，每個人在娘胎裡就開始有被「照顧」的需求了。

是的，我一直鼓勵你要幫助別人，但是就像我經常告訴你的那樣，如果你給一個人一條魚，你只能供養他一天，但是你教他捕魚的本領，就等於供養他一生。這個關於捕魚的老話很有意義。

在我看來，資助金錢是一種錯誤的幫助，它會使一個人失去節儉、勤奮的動力，而變得懶惰、不思進取、沒有責任感。更爲重要的是，當你施捨一個人時，你就否定了他的尊嚴，你否定了他的尊嚴，你就搶走了他的命運，這在我看來是極不道德的。作爲富人，我有責任成爲造福於人類的使者，卻不能成爲製造懶漢的始作俑者。

任何一個人一旦養成習慣，不管是好或壞，習慣就一直佔有了他。白吃午餐的習慣不會使一個人步向坦途，只能使他失去贏的機會。而勤奮工作卻是唯一可靠的出路，工作是我們享受成功所付的代價，財富與幸福要靠努力工作才能得到。

在很久很久以前，一位聰明的老國王，想編寫一本智慧錄，以饗後世子孫。一天，老國王將他聰明的臣子召集來，說：「沒有智慧的頭腦，就像沒有蠟燭的燈籠，我要你們編寫一本各個時代的智慧錄，去照亮子孫的前程。」

這批聰明人領命離去後，工作很長一段時間，最後完成了一本堂堂十二卷的巨作，並驕傲的宣稱：「陛下，這是各個時代的智慧錄。」

老國王看了看，說：「各位先生，我確信這是各個時代的智慧結晶。但是，它太厚了，我擔心人們讀它會不得要領。把它濃縮一下吧！」這些聰明人費去很多時間，幾經刪減，完成了一卷書。但是，老國王還是認爲太長了，又命令他們再次濃縮。

……

這些聰明人把一本書濃縮爲一章，然後減爲一頁，再變爲一段，最後則變成一句話。聰明的老國王看到這句話時，顯得很得意。「各位先生，」他說：「這眞是各個時代的智慧結晶，而且各地的人一旦知道這個眞理，我們大部分的問題就可以解決了。」這句話就是：「天下沒有白吃的午餐。」

智慧之書的第一章，也是最後一章，是天下沒有白吃的午餐。如果人們知道出人頭地，要以努力工作爲代價，大部分人就會有所成就，同時也將使這個世界變得更美好。而白吃午餐的人，遲早會連本帶利付出代價。

一個人活著，必須在自身與外界創造足以使生命和死亡有點尊嚴的東西。

愛你的父親

本章就機會成本這個經濟學裏最基本、最重要的概念，以生活化的方式作扼要解說，其間只指出個人會在眾多選擇中挑出一種，但如何挑法卻未能交代清楚，這也就是下一章的主題──行爲人的基本心理法則──「理性自利」，亦即經濟學的第二個基本原則。

4 經濟學第二原則——理性自利

在前面章節裏，我們往往強調「個人」的自由選擇，究竟個人是以什麼原則在作選擇的呢？答案最好是由每個人自己回答，不過，我們也可以由歸納的方式得出一般性的準則。自有經濟學以來，開宗明義就會提到「理性自利」。我們先引正統經濟學的始祖亞當．史密斯的一段話作爲開場白。

自利行爲並不是利己而已，它也涵括了「利他」

在那本經濟學的聖經《原富》一九三七年版英文書的第十四頁，史密斯寫道：「我們並不是自屠夫、釀酒者，或是麵包師傅的恩典裏，取得我們的食糧。我們之所以能夠得到，乃是源自他們的自利心。我們所應感謝的，不是他們的人道精神，而是他們愛自己的心。我們從未告訴他們我們的需求，我們所談的是他們的利害。」

在這一段話中，一針見血將「自利」的現代人的人性勾勒得甚爲傳神；而從此之後，幾乎所有有關經濟學的討論裏，都假定「自利行爲」的存在，但往往忽略或排斥利他行爲。也就因爲如此，許多社會學者和心理學家，以及馬克思主義者和社會主義者，都認爲經濟自由哲學所假設的人的行爲模型有缺陷，於是拒絕接受。其實自利行爲並不只是指「利己」而已，它也涵括了「利他」，這也就是「理性自利」往往連在一起使用的緣故，而我們也就須由「理性」這個名詞談起。

在一般的日常生活中，「非理性」或「不理性」（irrational）這個名詞到處可以看到、聽到。信手拈來台灣社會的實例，當年郭婉容當財政部長時遽然宣布恢復證券交易所得稅的課徵，於是投資人乃從事「不理性」的抗議。當然，不理性總是與行爲連在一起的；推而廣之，各種自力救濟街頭抗爭行爲，以及「非法」的行爲，似乎也是屬於不理性行爲[1]。

每個人都有各自的價值判斷，無法完全一致

不理性或非理性的相反詞就是「理性」（rational），這個名詞大家都能琅琅上口，而且似乎都有共識。但是，回過頭來想想，它的眞義何在？我們是否可以作這樣的了解：社會上存在有一共同的行爲準繩，合於此規範的就是理性，違反的就是非理性。如果這樣的認識可以接受的話，那麼，我們接著要問：這個準則是什麼？由誰來

訂定？又，如果該準則可以明白訂定，是否永不改變，或會與時俱變？如果會隨時改變，將由誰來決定何時變及如何個變法？

在實際社會中，絕大多數的民眾大都不會去想諸如此類的問題，他們也都接受現狀，認同且安於已有的社會規範。最簡單可行的社會規範當然就是「法律」了。在各式各樣的法條中，將人民必須遵循的行爲規則明白條列。制定者是所謂的社會菁英，這些人被假設明瞭人性善惡，知曉每個人應該如何做才可維持社會和諧，促進全社會的進步。這也就是說，全社會的人都應該有「共同」遵行的規則，而且，違反就得受罰。單由處罰這件事來看，就知道事前就已了解有人是無法符合這些規則的，即使這些規則能夠規定得異常完美，也免不了有此情況發生，更何況往往難以訂定完美的規則，這由各種訴訟的發生、法官與律師們對於法條的解釋，以及對於當事者行爲的認定有所差異等等即可得知。

那麼，爲何紛爭不可避免？原因當在「人」的身上，畢竟每個人多多少少都有各自的價值判斷，縱然由於後天環境的薰陶培養，彼此之間的認同度會增加，差異會逐漸減少，但終究不可能完全消失。因此，在此種了解下，非理性行爲乃不可免。畢竟，社會上所形成的行爲準則是一種「眾數」的概念，對於每一個人，總是沒法完全涵蓋的。可是，這種社會上似乎「形成共識」的非理性行爲，眞的就是非理性了嗎？

在經濟學角度的審視下，會別有一番風貌。

一個人所選擇的行爲，是經過成本效益加總後的理性反映

如上所言，在正統的經濟學原理教本中，人的「理性」行爲是一個重要的假設，而且被認爲是一種「追求『自利』（self-interest）」的行爲，亦即，經濟學家將人視爲「經濟人」（Homoeconomicus），意即經由成本和效益的比較之後才會選取決策。至於決策的選擇則受限於諸多因素，如可供選擇的途徑、個人的嗜好和價值觀，以及社會的規範等等。我們可用一個一般經濟學教科書中所舉的簡單例子來說明：一個學生之所以選擇走遠路到街上清潔的飯館吃飯，而不在近而方便的校園內吃自助餐，乃因營養和舒適的環境帶給他的快樂（效益），超過走遠路所費的成本。

進一步說，如果成本和效益的數值改變了，人的行爲應該也會跟著改變，譬如，張三這個人雖窮但很老實，有一天他在路上撿到一千元，不假思索的就送到警察局去，當他撿到一萬元時，可能還是做同樣的行爲，但當金錢數目加到十萬，甚至百萬元時，他的行爲會不會改變呢？在當今社會裏，我們可以「合理」的推知，總有一個數目會使其誠實行爲耗費很大的成本。這個時候，他的行爲就會改變，如果是這樣，那麼，他的前後行爲是否「不一致」？前一種行爲若是「理性」的，則後一種行爲是

否「非理性」？

以經濟學中經濟人的立場言，人的行爲應該是理性的，在基於「個人的選擇」下，由於時空條件的限制，同一期間的不同個人，由於主客觀條件的差異，對成本和效益會有不同的估算，因而會有不同的行爲產生。而同樣的一個人，在不同的時地，他的價值判斷及所具備的客觀條件有所不同，當然也可能有不同的行爲反應。不管是哪種情況，一個人所選擇的行爲總是經過成本效益加總之後，淨收益最大或淨損失最小的一種「理性」反應。經由這樣的認知，對於「個人」來說，「非理性」恐怕不存在，而甚至於精神病患的行爲，就其「本人」當時的立場言，也可能並非「非理性」的哩！

每個經濟體系成長幅度的高低，與私產的比重大小成正比

至此，我們就可對理性下個明確定義，此即「以成本效益爲判斷準則去做行爲」就是理性。在釐清「理性」的概念之後，我們接著分析「自利」行爲，上文提過可將其範圍分成利己和利他兩種。前者往往被與自私相結合看待，其實兩者有明顯差別，自私有明顯的「排他」意味。而自利行爲可能是促使現代社會進步的一大動力呢！我們還是以實例來印證。

前香港大學經濟學系主任張五常教授寫過兩篇關於「自利」行爲的短文。張教授認爲自利對社會有利也有害，但卻不是利害參半，而是利大於害，他深知讀者不同意此種說法，乃舉發明家愛迪生爲例證明。我們應該都會同意，愛迪生對人類有不可磨滅的莫大貢獻，這種事實連小學生都很清楚，但是愛迪生是個「極爲自私者」這件事，恐怕絕大多數人就不知情了。

據張教授所蒐集的許多資料顯示，愛迪生的自私世間少有，他從不捐錢，對工人苛刻至極，對於自認無利可圖的發明一概不理，而對自認具商業價值的就大量投資，日夜催促下屬工作。愛迪生對發明後的專利權之重視，亦屬罕見，每次覺得外人可能偷用了他的發明，便訴諸於法，而因官司過於頻繁，付給律師的費用太多，乃使這位有過價值連城的發明之「偉大」發明家，死時卻並不富有。不過，他對社會及全人類的貢獻卻是有目共睹的，而其根源並不是他的「無私」，反而是其「自私」。

對於張教授的舉例，應可深一層思考，若愛迪生是個具有利他胸懷者，豈非更願意創造發明更多好東西來分享世人？其實，另一位更受敬重的偉大科學家愛因斯坦，就是一個典型的「無私」者，他在一九三三年應普林斯頓研究所聘請時開出的條件之一是「低薪」，而其研究也都不是爲了私利，而是基於對人類有正面好處者，其對人類的貢獻難以計量，其典範也永垂人間。我們到第二十五章再就此課題詳加說明。

關於自利的發揮對社會有貢獻的說法，本章一開頭就已引述過亞當·史密斯在其巨著《原富》中的說法。我們或許也能感受到，在市場上所能買到的商品，有哪一樣不是製造者爲了賺錢自利的產物？也就因爲自利心的存在，個人才會努力以求其達到極大，如此一來，整個社會才能快速往前推進，而進步幅度的大小，則與自利行爲的容許幅度有著密切的關聯。

這個道理由共產制度和私產制度之對比，就不言可喻了。如果辛苦工作所得必須與他人分享，又何必賣力呢？一般而言，每個經濟體系成本幅度的高低，正是與私產的比重大小成正比，而私產的擁有不正是自利的標的嗎？而在擁有私產的社會裏，爲了賺錢自利，順著個人天賦才智的差異，必會選取花費最低代價的工作，以使在市場中與他人交易，這種情況就是所謂的「比較利益原理」（comparative advantage principle）之發揮。

私產制度讓「自利」發揮到極致

當然，由於自利行爲的運作，難免因自私作祟，於是「損人利己」事件就會層出不窮，這個時候，亞當·史密斯所崇信的市場機能或價格機能就會失靈，難免產生「對個人有利，但對其他人甚至於對全社會都可能有害」的結果，這也就是混合經濟大師庇古（A. C. Pigou, 1877~1959）在其一九二〇年的大作《福利經濟學》一書中所揭櫫的「外部性」（externality）和「社會成本」的概念。

典型的例子就是共用財（public goods）的濫用、環境污染的出現等等。表面看，這是個人自私的產物，但再深一層探究，就會恍然大悟，問題仍可以經由「自利」行爲的發揮來順利解決，辦法何在？說穿了也沒什麼，就是設法「內化」（internalized）而已，而內化的先決條件即「設定財產權」。或將共用財委由私人管理，或將空氣、水，以及自然環境等判定權利的歸屬，將產權界定妥善之後，「自私」的個人基於維護「私產」的「自利心」，當會與侵犯私產者（即損人者）協商出一個使用的價格出來，而損人者在度量所獲利益將大過此價格（此亦即受損者所蒙受的損失之補償）時，才會產生損人利己的舉措，而此種行爲卻能使社會生產的總淨值提高，由而促進社會的進步。

不過，值得注意的是，損人利己行爲之協商將有交易成本的出現，爲了降低此種成本，實行「私產」乃爲最佳的一種制度，而此種制度不正是自利可作最大發揮的溫床嗎？不知何時起，「人不爲己，天誅地滅」[2]，這兩句很值得商榷的話就流傳開來，於是自利更被認爲是本性，既然事已如此，何不順勢創造自利環境，讓「自利」作良性而淋漓盡致的發揮？比較中國、回歸中國之前的香港，以及台灣，似乎也可以印證，讓自利愈能自由發揮的地方，進步也愈快。那麼，「私產制度」的建立不是頂重要的事嗎？

介紹過「理性自利」這一部分後，接著再分析「利他」行爲。

我們的行爲與消費之選擇，並不完全是自發性的

我們似乎很容易找到，社會中有許多人，不是只想增加自己的財富和享受，他們反而覺得「施」比「受」更重要且更有意義。台灣的慈濟功德會就是一個家喻戶曉的範例。我們也可以感受到，我們的行爲與消費之選擇，也並不是完全自發性的，而是會受到社會環境的影響，這些選擇又會間接地影響到他人的滿足水準。基於此種體認，貝克乃將「社會相互依存」這個因素，融入傳統的經濟模式裏，而其結果並未動搖經濟學中的任何基本假設。

原來，貝克指出，將物質和非物質的慾望分開，並沒有將人的命運自基本的限制中解放出來，此即，既然是人，也就逃不掉受到有限資源分配的限制。貝克認爲，個人的經濟活動，並不只限於本身而已，他還可運用自己的資源，來促使他人爲其生產「他所重視，但卻無法在市場上買到的」商品或社會資產。那麼，這些到底是什麼東西呢？我們可舉「尊重」這種東西來說明。

即使是完全的利己主義者，也很難完全忽略別人對自己的觀點

所謂尊重，也就是別人看得起的意思。當然，並不是人人都很在乎別人的想法，不過，即使是個「完全的利己主義者」，也很難完全忽略別人對自己的觀點，只是程度的高低會有區別而已。問題是，一般的市場上並沒有尊重這種商品，因而無法在一般的市場上買到它，那麼，到底如何滿足被人尊重這種需求？有可能創造出尊重這種商品的市場嗎？

與別種商品的最大差別在於，單獨一個人無法生產尊重，必須有別人的行動來相互配合，而且，還必須設法誘使別人來生產才行。問題是，以什麼方法來作誘餌呢？

一般說來，可歸爲三種方法來獲取尊重。頭一個是累積財富，在一個自由的社會中，愈富有的人通常較易受人尊重；第二種方法是擁有政治力量，很明顯的，社會上的爲官者往往被人羨慕，也是被人模仿的對象，而且，官位愈大，權力也愈大，受人尊重的程度也愈高。第三種方法就是無私或利他行爲，此即，奉獻「自己」或花用自己的「時間」來服務他人，在換取別人的感激和尊敬下（不管出發點是故意或無意的都無關緊要），不但自己得到安慰，而尊重也順理成章的獲得了。

我們知道，累積財富固然需用資源，追求政治力量也當然需要投入品，而利他行爲也要自己投入，或以時間爲之，因而三種行爲都必須花用成本。而所追求的尊重既

是目標，也可稱作利益。我們相信，每個人仍然都會想以「最小的成本」來獲取「最大的利得」，因此，到頭來也逃不出經濟理論的「選擇」問題，也免不了觸及「資源最適分配」的課題。

東西方社會都有利他行爲的存在

話說回來，上述的三種方法都在追求受人尊重，而爲何要受人尊重，難道不是爲了獲取滿足或效用嗎？即使在一個每個人的慾望都相同的社會，得到尊重的最適方法，也不是人人都相同的。推而廣之，社會上不同階層者，乃至不同社會裏的個人，也都有各自獲取尊重的方法，有人累積財富、有人追求權力、有人則選擇利他行爲，或有人以三種或兩種配對組合來得到尊重，無論如何，終究是想獲致效用的極大化。而各種方法的選取，還是依循資源「比較利益」原則，也就是由相對成本來決定的。

有些人也許選用較多的利他行爲，這並不表示這些人比較傾向利他主義，也不意味他們較爲「仁慈」或「慷慨」，其實只是表示利他行爲是他們得到目標的最有效方式罷了。

不管是一個人或某個社會，不可能永遠固定利用某一種方式來追求尊重或慾望。原因是，引導行爲的環境是會變的，而引起改變的方式，有自然演變而來，也有人爲強迫改變的。以東方社會和西方社會的對照來看，一般的印象是，東方社會似乎較爲溫情，西方人則較冷酷，但東方人卻只對自己認識的人表現溫情，對於陌生人則往往甚爲冷漠無情，而西方人則較有所謂的公德心。因此，東西方社會都有利他行爲的存在，只是大體而言，東方人的利他範圍較窄，西方人則較爲廣泛。

爲什麼會有這樣子的區別呢？也許跟天賦的生活環境有點關係，但卻與社會的傳統或風俗習慣更有密切相關，而風俗和傳統之所以會存在，是因爲它們對多數人有價值。不過，個人爲何又會看重風俗和傳統呢？難道不是在經由理性的估算之後，覺得依附它們有利無害，或者說利益大於成本嗎？問題是，風俗和傳統到底是如何形成的呢？這也是經濟分析可以應用的課題，屬於較高層次，超出本書範圍，姑且在此承認它們有存在的價值。

一個社會的組成分子之所以比較偏好利他行爲，是因爲有重視利他行爲的傳統和風俗，換句話說，依附利他行爲的利益大於成本，因而有利可圖。我們知道，有些利他行爲是很耗時的（如傳教），如果時間價值增高，則此類的利他行爲將減少，如果利他行爲可以由時間以外的方式（如捐款）來表現，則在時間價格提高之後，爲了實行利他行爲，捐款的慈善行爲就會增加。我們也知道，絕大多數人都希望培養一個利他而且充滿責任感的社會，要達此目的，就需誘使個人認爲利他行爲是很值得的，理想的方法不在於改變人的本身，而是要改變個人生活環境的成本結構，也就是建立一種重視利他行爲的社會價值制度，關鍵是在設法找出影響相對成本的因素，尋找減少利他行爲的社會成本之方法。亦即如何提升利他行爲在個人效用函數中的重要性，畢竟利他行爲也只是個人效用函數中的一種商品而已，這樣說來，利他行爲的目的不也是追求個人效用的行爲嗎？不也是個人的利己行爲之一種嗎？

本章及上一章已將經濟學裏最基本的兩個原則作扼要簡述，下一章就基於這兩個基本原則開始從事個別行爲者如何做自己的選擇行爲之分析。在從事日常生活行爲分析之前，我們先介紹非常有用的分析工具，此即供需原理的模型。

註釋

1 行為經濟學教授艾瑞利（Dan Ariely）在二〇〇九～二〇一二年連續出版《誰說人是理性的》（*Predictably Irrational*）、《不理性的力量》（*The Upside of Irrationality*）、《誰說人是誠實的》（*The (Honest) Truth about Dishonesty*）三本暢銷書剖析「不理性」行為，可以參考並仔細思索不理性的意涵。

2 這兩句話是由「人若為己、天誅地滅」刪改而來，將「若」改為「不」一字之差，意義完全不同，應回復原樣才是。

5 經濟學的靈魂——「供需原理」

在分析過天下沒有白吃的午餐，及理性自利這兩個個別行爲人做行爲時的基本準則後，我們再回到個人行爲的目的，正如第一章中所強調的，任何一個人終究是追求「幸福的增進」。爲了達此目的，必須消費物品，而物品是由生產者僱用生產因素製造出來的，最後由供需雙方在產品市場內完成交易。

因此，供需原理非常重要，可以說是經濟學的靈魂，而由我們時常聽到的「你如果教一隻鸚鵡會說『供給』與『需求』這兩個詞，牠就成爲一個經濟學家了！」這種揶揄經濟學家的話語，其實也反而更可印證供需在經濟學是多麼重要了。那麼，供給與需求的意義是什麼，其內涵又何在呢？

每一個人都重視「邊際行爲」所帶來的成本及效益之增量

既然獲得物品需要支付代價或支付成本，到底支付多少才能得到想要的物品及其數量呢？起先，我們往往同時面對許多種物品，這些物品當然都是我們想要的，但其中只有某些是屬於「個人有能力購買」的，有些則非個人能力所及。即使在能力所及的範圍，個人在某一時點也只能選一種而已。如何選呢？這就是理性自利準則的發揮，也就是「以最小成本得到最大收益」。收益是什麼？以消費物品言，是「滿足、幸福」，而在經濟學裏是以「效用」（utility）來稱呼。在選定某一種物品消費後，我們接著要問：同一種物品的消費數量增加時，會有什麼現象發生？

先就如何在各種有能力得到的物品中挑選某一種來談，我們自己可以想想，是否就是作「再多花一單位成本可以多得到多少效用」這樣的決策？或是「多花一塊錢能多得多少效用」的判定，這就是「邊際分析」的概念，而該種決策也就是俗話所說的「錢花在刀口上」之意。

這裏必須提醒讀者注意，我們每一個人做行爲時，是重視「邊際行爲」，亦即計較的是「該行爲」所帶來的成本及效益之「增量」。之所以選取某物來消費，就是該單位費用花在該物品所增加的效用最多。在選取消費這種物品之後，我們隨即碰到這個問題：繼續消費這種物品的決策是如何？

同一種物品的需求量增多，個人所願意支付的單位價格就會減少

截至目前，我們都限於分析能夠帶來效用的物品，也是這樣的物品才值得我們去關心，既然想要這種東西，就是「多多益善」了，但是，「胃納有限」和「喜新厭舊」的人性終會發揮作用，於是儘管對某物品依舊喜歡，總會在消費量到達某一程度時，喜歡的程度會減少，譬如：吃塊狀的巧克力糖，在吃第一塊時覺得有10單位效用，再吃第二塊時，會由新的這塊得到11單位效用，縱使第三塊會有12單位……，繼續吃下去，總會到達再多吃一塊時所多得到的效用，會少於前一塊所增加的，而此後食用每一塊巧克力新增的效用將愈來愈少，這就是有名且重要的「邊際效用遞減法則」。

既然每一種物品都逃不過這種現象，我們即可推得：同一種物品的需求量增多時，每增多一單位物品的新增效用會減少，那麼，個人爲多得這一單位的物品所支付的代價，也就會比前一單位物品所付的代價來得少，否則不會願意去購買。如此，我們就得到這樣的「需求法則」：同一種物品的需求量增多，個人所願意支付的單位價格就會減少。換句話說，物品的價格與其需求量呈現反向關係，即價格愈低、需求量愈多，價格愈高、需求量愈少。當然，我們需要再加上「其他條件（或情況）不變」這個先決條件。這種關係所反映的經濟涵意就是：同一物品的邊際效用遞減。

由於一定有這種負向關係存在，當消費者對某物的需求量（或消費量）愈多時，總會到達新增的那一單位所能產生的效用比先前的各單位都來得小，因而所願意支付的代價（或價格）也就較少，這也是價格和需求量呈現反向關係的內涵。雖然同一物品的需求量愈多，最後那一單位所願支付的代價低於先前各個單位所願付價格，但當時所購買的全部數量之單價卻與這個最後單位的價格相同。

我們還是以食用巧克力糖爲例說明，若你吃第一塊的效用是10單位，假設效用1單位值一塊錢，則吃第一塊巧克力糖你願支付的價格最多是10元，否則你會放棄；吃第二塊時邊際效用減爲9單位，則你對這一單位的願付單價是9元，但現今你是買了兩塊巧克力糖，此時第一塊糖你所實際支付的單價也是9元，因而你對這兩塊糖的實際花費是18元（2×9元），但在你的心裏，第一塊糖願意支付10元，第二塊願付9元，兩塊一共願意支付19元，比實際支付淨多了1元，這1元就是你購買兩塊巧克力糖的「消費者剩餘」，同理可以類推第三、四、五……塊巧克力糖的消費者剩餘，而就是因爲有消費者剩餘的存在，消費者才願意從事購買行爲。

至此，我們已得到個人對某一種物品的負向需求關係，也就是在其他條件不變下，某一價格對應著某一個需求量，這些數量是個別消費者在各個不同價格下，「願意」且「有能力」獲得的，而且價格和數量呈反向關係。這裏，特別提醒注意，必須

「意願」和「能力」兩者皆具備，否則不可以稱爲「需求」。因爲個人的慾望可以說是無窮盡的，但光是「喜歡」卻不一定可以得逞。

分析至此，我們不免想起金鐘獎最佳女演員兼歌者又兼主持人的李明依小姐，她多年前的那一首「只要是我喜歡，有什麼不可以」引起不小爭議的歌名，如果是疑問句是可以成立的，但卻不能作爲肯定句，因爲即使是如此有名、有利的她，也有很多東西、事情，不是她喜歡就可以得到、做到的。

無論是需求或供給，都必須有「意願」和「能力」兩個要件

我們已經得到消費者在其他條件不變下，對某一物品在各種不同價格下的不同消費量，在價格和數量的平面圖上，將所有這些點連成一線就得到需求線，不過，到底消費量或需求量會是多少？須支付多少單價呢？這必須再得出物品的供應關係才可以做到，就讓我們接著分析物品的供應面吧！

物品供應者通稱爲生產者，同樣地，我們也需先確定生產者的行爲目的是什麼？雖然有些生產者或許例外，但以「利潤最大」作標的，終究是最受公認的。由於利潤是總收益減去總成本（指的當然是機會成本），爲求利潤最大，在決定多生產一單位物品時，就必須到達生產該單位所多得到的收益等於生產該單位所多支付的成本這個

境界。與消費者相似的是，生產者也面臨生產何種物品的抉擇，而當選擇了生產某物時，就必須放棄生產其他物品，於是原本生產他物的生產因素就會流到這個物品的生產。當這種物品的產量增多時，所要放棄的他種物品數量也會遞增，此即邊際機會成本隨著該物產量的增加而增加，而生產者之所以決定生產某一數量，至少要求生產這一單位的成本等於售價，由於產量增加，邊際機會成本也上升，因而也需要價格的上漲來配合才願意生產，於是在價格和數量的平面圖上，我們就可得到：在其他條件不變下，該物品價格與其供應量呈現正向關係的「供給法則」，將所有點連接起來所得到的線就是物品供給線，線上每一點都表示邊際成本等於價格。與消費者可獲「消費者剩餘」一樣，生產者或供給者也有「生產者剩餘」可得，煩讀者們自己參考上文「消費者剩餘」的得出方式來分析。

至此，一般情況的需求線和供給線都已經得出，亦即，在其他條件不變下，需求量和價格呈反向關係，供給量則與價格呈正向關係。我們不要忘記的是，無論是需求或供給，都必須有「意願」和「能力」這兩個要件，當供給線和需求線相交時就得出物品的價格和數量，這個解值就是所謂的「均衡點」。在此均衡價格下，沒有過剩，也沒有不足。當價格高於均衡價格時，供給量大於需求量，出現過剩，反之則出現不足，若讓價格自由變動，前者將降價，需求量將增加、供給量將減少，於是過剩量縮小，價格降至均衡價格水準時，過剩就消失。後者將漲價，供給量將增、需求量將減，不足量縮小，直至均衡價格水準，不足將消失。

供需線就好像一把剪刀的兩片，缺一不可

新古典經濟學大師馬夏爾（A. Marshall, 1842~1924）將供需線比喻作一把剪刀的兩片，缺一不可。值得特別注意的是，無論是需求線或供給線，所代表的是物品的價格與數量之間的關係，價格變動，只會引起同一條線上的點移動而已，當價格以外的因素變化時，將使供需線整條左移或右移。譬如：消費者的所得提高時，儘管價格不變，對於該物的需求量將會增加，因而整條需求線往右移，所得減少則往左移，其他因素對需求的影響可以依此類推。同理，價格以外的因素對供給的影響亦是促使整條供給線移動，例如生產技術提升將使供給線右移，發生天災則供給線左移。

由於供需原理是經濟分析的主角，爲了讓讀者更了解，我們將之繪成圖來作更清楚的說明，如圖1所示，座標縱軸代表物品的價格（P），橫軸則爲物品的供需數量（Q），上文所推導出的供需曲線各繪如圖中的S和D線，S爲由左下往右上伸展的正斜率線，表示物品的價格和供給量成正向關係，D則爲左上向右下方延伸的負斜率線，表示物品的價格與其需求量呈現反向關係。兩條線的交點e就是所謂的均衡點，

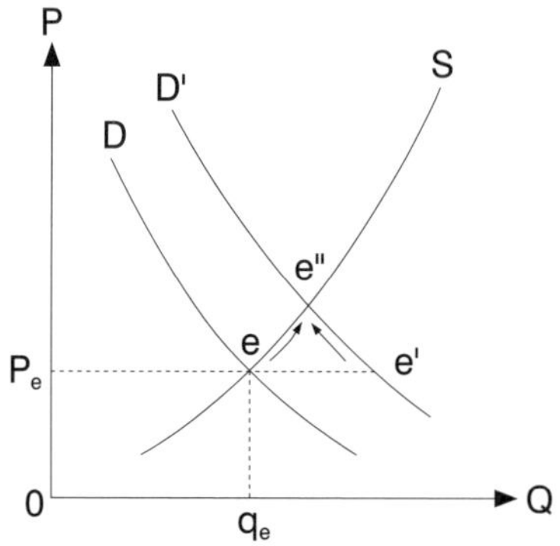

圖 1　某種物品的供需線

對應的均衡價格、均衡數量各爲Pe和qe，此時供給者在Pe下賣出所有的產品供應量，且生產qe時，所支付的邊際成本恰好等於物品的單價；這個時候，需求者的需求量等於供給者的供應量，市場中的供需雙方都達到滿意的程度。

如果消費者的所得增加致購買力提升，則在其他情況（或條件）都維持不變下，圖1中的D線右移至D'，於是價格若停留在Pe，就產生e'數量的「超額需求」，在消費者爭購下，價格會被叫高，於是更多的供應量能夠在較高成本下被生產出來，另一方面因爲價格上升，需求量就會減少，供需雙方都循著圖1中的箭頭方向調整，終而抵達新的均衡點e"才停止。我們可以同理分析需求線左移，供給線右移、左移，或兩條線同時移動所造成的某種物品的供需線移動的各種結果。只要我們可以得出某物的供需線，就能獲致各種情況下的結果，不但能解釋事件，且能預先獲知某些政策（政府或廠商）所將產生的後果。就讓我們以一九八九、一九九〇年的台灣房價飆漲爲例作說明吧！

扭轉錯誤貨幣、貿易政策，促使政府移開管制之手，才能治本

我們所得知的現象是：該兩年的房價漲得特別凶，於是「無殼蝸牛」族出現，他們要求政府抑制「假性」需求，對投機客課以重稅，另方面也要求政府廣建國宅來提供低所得者住屋，俾抑制飆漲之勢。這樣子的要求有其道理嗎？爲了得到答案，必須找出根源才可對症下藥。我們利用上述簡單供需圖即可獲得清楚的了解。

假設房屋市場的原先（一九八九年以前未飆漲時）供需線如圖2中S、D線所示。當時的價格爲P_1，數量爲q_1，經過兩年的狂飆之後價格升爲P_2，我們會問：由P_1升到P_2是種什麼過程？由圖可以看出，D線右移和S線左移都有可能。實情到底如何？由於房屋的供給會與時俱增，因而S線不可能左移反而會往右移，如此反會拉低房價。所以，房價的飆漲源頭應在需求面，而兩年的時間給予房屋的建造有些微增加，假若S線右移至S'。如此，P_2價格水準必定是D線移到D'。接著要問：D線到D'線是何種因素促成的？我們先會想到台灣經濟奇蹟致民眾的所得提高，對於房屋的需求可能經由三個途徑增加：一來由於人口增加，二來大家庭變中或小家庭，三來租

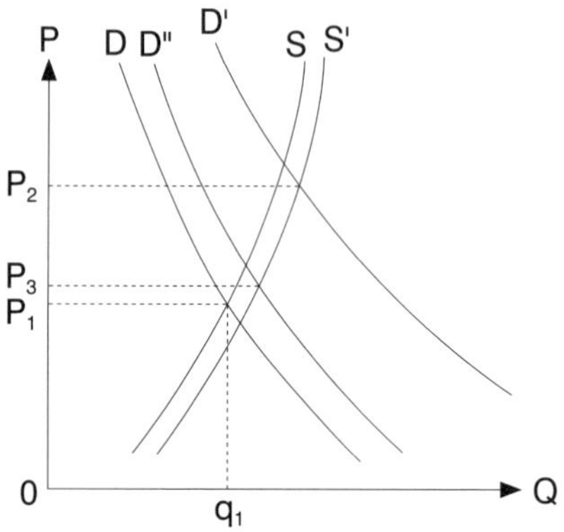

圖 2　房屋市場飆漲解析圖

屋者變爲購屋者。這三種來源，其目的都是「居住」，按照常理，不會一下子猛增，因而只可能由D右移至D"，房價也只會漲至P_3而已。

至此，我們已經看到事件的根源了，這就是D"線大幅右移到D'線的原因。沒錯，那兩年期間，是有財團及其他民間人士大量購屋待價而沽，一方面賣來賣去抬高價錢，二方面買了閒置待好價賣出。這種「非居住」用途的購屋，被許多一般人士稱爲「假性」需求，其實，正確的稱呼應是「投機性」需求。除非將此種需求減緩，否則飆漲之勢難抑，那麼，何種方法適合呢？

建國宅固然可使S線右移而壓低房價，但造屋並不易，而且費時，難以對沖投機性需求，更何況國宅的興建可能反而誘引原先無力購屋者及炒作者的需求，使需求線更加右移，於是可能助長飆風。所以，還是應向投機需求的抑制動腦筋，我們因而要問，投機的源頭何在？歸根結柢，「游資太多」一句話可以概括。而游資之所以充斥，外貿的大量出超（出口大於進口）、匯率政策、貨幣政策的推波助瀾是肇因。再因台灣內部的投資及投機管道的諸多管制，眾多游資乃被逼往股市、房地產，終而引發房地產狂飆，如果不將失誤的貨幣、貿易等財經政策扭轉，以及促使政府移開管制之手，不管採取任何其他政策，恐怕都是事倍功半、治標而不能治本的吃力不討好之舉。

找出變因，對症下藥

不只房地產狂飆現象可用供需原理剖析，幾乎任何問題都可借助於它。當然，如何找出供需線是先決課題，而且也要小心區別線上的點或整條線的移動，如此方能得出變因而對症下藥。線上的點之移動稱為「需求『量』、供給『量』的變動」，而整條線的移動則以「需求的變動、供給的變動」稱之，兩者以有沒有「量」這個字作區隔，而對這兩種情況的差別之認知非常重要，一旦混淆，對現象的了解及剖析就會錯誤了。這裏，還有一點必須鄭重提醒讀者注意，也許有的讀者已經注意到圖2所繪的供需線都很陡，這並非隨意為之，而是房屋的價格供需「彈性」小所導致的。

何謂彈性？簡言之，是兩個百分率的比值，需求的價格彈性就是指「物品的價格變動百分之一，引起該物需求量變動的百分率」，譬如：甲物的價格增加 1%，而致該物的需求量減少 2%，則甲物的需求價格彈性就是2（即 2% 除以 1%）。大致而言，需求線愈陡，價格彈性愈小，反之愈大，供給彈性也是同理。上面所舉的房屋供需線之所以陡峭，乃因房屋的需求量或供給量都不會隨價格的變動而發生太大的變化，所以當供需線整條移動時，對於價格的牽引效果較大，而對數量的影響較小。

最後，必須清楚交待的是，這個簡單的供給圖，是以「完全競爭市場」或「交易成本爲零」推導出來的，在該理想狀態下，供需雙方都各自達到「至善」（最好），兩線交點就是供需雙方都到達「至善」，若所有市場都達到至善點，那人間的所有人也都在最好的境界，這在變動不已的實際人間不太可能達到，只在「神界」才有，畢竟「人間不是天堂」，有人戲稱「經濟神學」，的確是如此。

那麼，既然它不是眞實的，爲何經濟學和經濟學家會以之爲基礎呢？一來它是很好的「分析工具」，可以藉之看到方向，縱然不可能得到確切的數據，卻可避免走錯路、做錯事。二來它可指引我們往神界的路走去。所以，好好了解簡單供需圖的內涵進而活用之，對於實際人生是很有幫助的。

至本章爲止，已將經濟學的幾個最基本原則、原理做了扼要交待。在將出生、健康、友誼、婚姻、山難等與個人一生密切相關的課題，由經濟的角度分析之前，還有必要解析兩個非常重要且是根本性的觀念。在下一章先將一個被當代經濟學幾乎全部拋棄，但其實是眞正的經濟學最根本、最重要的「誠信」倫理道德，予以簡要的解析。再下一章則對世人再熟悉不過，但可能多所誤解的「錢」或「貨幣」做簡單扼要的破迷解說。

6「誠信」是經濟學的根本

如前所述，經濟學這門學問，和其他學科一樣，都是以「人」作爲關切焦點，無非希望所有降生在凡間的平常人，都能幸福快樂地過活。推而廣之，所關切的人，不只是這一代的人，更擴及世世代代無窮盡的未來，而且還希望未來的人生更爲幸福、美滿。因此，經濟學當然是生活化的，一切都圍繞在活生生的人之周圍。

魯賓遜漂流荒島的故事時常被經濟學當作例子，先是描述孤獨一人如何在荒島辛苦過日子，再來加上猴子、接著又加入土著來共同生活。這個故事鮮活生動地描繪出人類不是獨居，而是「群居」的特性。既然是群居，「人際往來」或「人際關係」很自然地出現，人際之間如何作爲，當然直接影響「行爲者（各個人）」的生活福祉，於是乎如第一章所提、奧國學派的米塞斯就直截了當地將經濟學定義作「研究人的行爲」的學問。

經濟學研究「人的行爲」

打從亞當·史密斯的《原富》開始，就很明確地點出「分工」、「專業化」是增進財富、促進人的福祉的人際關係，史密斯說：「勞動分工的發展是所有國家富裕起來的原因，而市場這隻看不見的手是協調和促進分工的有效手段。」雖然如今我們都強調分工的功能，但分工並非人「刻意」發明的，誠如史密斯所言：「產生上述許多利益的分工形態，原非任何人類智慧的結果，亦即，不是有哪一個人預見並且蓄意追求它所產生的富裕，而才從事分工的……。分工，是人類相互以物易物的行爲性向發展的必然結果；人類雖有這種性向，但沒料到分工會有如此廣泛的功效。」這點明了分工不是人類「明顯的主觀意圖」由而「人爲刻意」造作的東西，而是一種「意想之外的」（invisible hand）社會（或互動）行爲秩序，亦即，是人類宛如被一隻「看不見的手」引導所促成的。必須強調的是，分工之後必須合作，由「分工合作」的習慣說法就可見一斑。

「分工」是一種自發的秩序

因此，亞當·史密斯創造出來的著名「看不見的手」一詞，的確是用來表達「勢所必至」和「非主觀意願所能左右」的情況發展，不單指價格系統，而是社會現象的一個分析通則。此種意想之外的行爲秩序，被一九七四年諾貝爾經濟學獎得主之一海耶克（F. A. Hayek, 1899~1992）稱爲「自發的秩序」，它是人們事實上依循了某些抽象且普遍的行爲原則，而於無意間造成的結果。當前表面上被人廣爲引用、歌頌的「價格機能」、「市場機能」，也當然是自發性的秩序。

看不見的手所創造出來的市場，是分工、專業化得以顯現成效的場所，其中必然有「交易行爲」的發生。交易進行得愈順利（即交易成本愈低），分工、專業化就可愈縝密，人類的福祉也得以愈精進。交易的順利需靠交易者遵循著交易秩序或規則，由於特質的差異，不同的市場各有其規則，但行爲者卻同樣也都是「人」。不論是什麼市場的什麼樣的規則，行爲人必須具備一種「最起碼」的倫理，這就是「信用」，或者是當前台灣社會慣稱的「信任」、「誠信」。

誠信是最起碼的交易倫理

交易行爲人何其多，不論相識或陌生，在互信基礎上才可能順暢地進行交易。試想一個人人相互猜疑、互相不信任的社會，怎可能有順暢的交易？怎可能有縝密頻繁的分工呢？分工之後又怎能合作呢？而人民們的生活福祉又怎能增進呢？誠信愈見腐蝕的人類社會，包括台灣住民在內的地球人是有必要深自檢討、反省了！

讀者有必要知道的是，亞當．史密斯其實是格拉斯哥大學倫理學教授，一七五九年出版的《道德情操論》（*The Theory of Moral Sentiments*）更是他最重要的著作，而世人耳熟能詳的《原富》一書，只可算是「附篇」罷了，如今世人稱史密斯爲「經濟學鼻祖」，卻只強調《原富》，無怪乎當代經濟學完全將倫理道德置諸腦後，當代經濟學家往往把倫理道德歸爲形而上哲學而將之放棄。這絕對是錯誤的發展，也無怪乎當代經濟學強調物質面的「經濟成長」，對人心腐蝕、道德沉淪、社會風氣敗壞造成推波助瀾作用。是應趕緊找回「誠信」這項經濟學的根本啊！

7 問世間「錢」爲何物？

第一章已提到「貨幣是交易媒介」，也提了貨幣數量不能太多，但貨幣或錢究竟是什麼，卻有必要再深入的談一談。我們知道，現代人的生活不能沒有錢，而理財已成現代人生活中的重要事務，而理財的標的，無非是「錢滾錢」。不可否認的，「錢」和當代人關係密不可分。而「見錢眼開」、「有錢能使鬼推磨」、「人爲財死」等等自古以來即流傳世間的諺語，無不道出世人愛錢、錢對世人重要性之一斑。

縱然有著「君子愛財（錢），取之有道」、「勿做金錢奴役」的勉語和警語，可是「搶錢」風氣仍然熾熱，甚至在衍生性金融商品愈來愈多的今日，有著燎原趨勢。在愛錢的同時，社會上卻也瀰漫著一股譴責「愛錢」、「銅臭味」，以及撻伐「功利」的詭異氣氛。

人類對於錢財的愛恨交織，甚至於超越對「情」的感覺，那麼，「直叫人死生相許」的形容詞也當然頗適合於錢了。不過，「問世間『錢』爲何物？」恐怕更是一句貼切的問語。

對於這個也許被所謂的專家、行家們認爲是經濟學幼稚園的問題，很可能永遠找不到令人滿意的標準答案。國際著名的華裔產權經濟學專家張五常教授，在一九六三年於加州大學洛杉磯分校攻讀博士學位時，旁聽艾爾秦（A. Alchian）這位怪才名家的課，學期一開始第一堂課，艾爾秦一進教室劈頭就問：「什麼是貨幣？」貨幣就是錢的同義字，就這個看似簡單的問題，師生們（都是一群I.Q. 頂高的人類）搞了3個星期，還是找不到完滿的答案，而艾爾秦在多年後雖發表了題爲〈什麼是貨幣？〉的論文，但仍然被認爲有待商榷。

貨幣有其「自化」秩序

類似的故事也發生在已故的一九七四年諾貝爾經濟學獎得主之一海耶克（F. A. Hayek, 1899~1992）身上，而這位終其一生不斷致力於對抗社會主義、極權主義，並揭穿其荼毒人類的眞實面目，以增進人類福祉的大儒，對於錢或貨幣的描述，更讓我們嘆爲觀止。

海耶克不客氣地說，一般人對不懂的事物，往往因爲猜忌而產生厭惡心理，對於貨幣就是如此，尤其因爲貨幣是高等文明秩序中最爲抽象的機制，這種厭惡心理也就更爲強烈。

貿易倚賴貨幣，透過貨幣的媒介傳導，個別特定的交易行爲，可以在最遙遠的地方，以最間接的方式，造成種種最爲一般化、而且也最不容易理解的影響。人類的合作秩序若要延遠流長，就必須藉助於貨幣，但，貨幣也將使引導人群合作的種種機制，覆蓋在一層難以穿透的濃霧之中。

一旦以物易物被以貨幣爲媒介的間接交易所取代，原本還可以理解的事物便消失不見了，而代之而起的種種抽象的人際互動過程，即使是最有洞察力的人，也無法全盤理解。就是因爲如此，海耶克才說，貨幣，或者說我們平常所使用的「金錢」，是所有事物當中最難理解的東西。

人類對於金錢流露出既愛又恨的心理，金錢是自由最有力的寶貝，同時也是最爲邪惡的壓迫工具。海耶克認爲貨幣的運行，就像語言或道德那樣，是一種自我演化（簡稱「自化」）的秩序，而解釋這種秩序的理論，又是最不容易求得圓滿的。因此，貨幣專家們至今仍然對一些重大的問題爭論不休。

有些這方面的專家甚至已經認命，不再追求圓滿，因爲在他們看來，各種細節必然都無法被察覺，而整個秩序又是如此的複雜，以致如果能夠抽象地說明貨幣秩序據以自化形成的種種原則，我們就應當感到心滿意足；這種抽象的原則性說明，儘管帶給我們很多重要的啓示，卻沒有辦法預測任何具體詳細的結果。

貨幣面對的道德挑戰

貨幣不僅讓專門學者感到苦惱，道德家們對於貨幣的猜忌也幾乎沒有一刻鬆懈。貨幣好比是萬能工具，誰掌有了它，誰就有力量，能夠以最不著痕跡的方式，實現或影響最多種類的目的。對於這個萬能的工具，海耶克舉出兩個讓道德家猜忌的理由。

一是雖然一般人一看就明白許多別的財富項目被用來做了些什麼事；但我們通常無法分辨使用貨幣究竟給自己或別人帶來什麼具體的影響。二是即使在某些情況下，貨幣所造成的影響可以分辨出來，但貨幣雖然可以用來行善，也同樣可以用來爲惡。

因此，對於有錢人來說，金錢之功用在於其萬能；然而，對於道德家而言，正因爲金錢萬能，所以金錢更不值得信任。而且，經由巧妙地運用貨幣，進而取得的巨大利益，看起來一如商業買賣，和體力付出無關，也看不出有什麼其他的功德。

貨幣就是這樣讓貨幣專家們感到迷惑，同時也讓道德家們感到憤怒的東西。

這兩種人都因爲發覺整個事態的發展，已經超出了我們能力關照得到的範圍，以及因爲我們已經不再能夠控制我們賴以生存的事態發展順序，而感到震驚。似乎一切都已經超出我們的掌控，難怪有人談起貨幣，往往措辭強烈，乃至誇張。事實上現在還有許多人，相信借錢取息和謀殺一樣壞。

貨幣制度就像道德、法律、語言，以及各種生物那樣，也是來自於自化的秩序，因此，也同樣受到變異與演化選擇過程的淬煉。然而，貨幣制度終究是在所有自化長成的結構當中，最不令人滿意的產物。

海耶克曾舉例說，自從基本上含有自動調整機制的國際金本位制，在專家們的指導下，被由政府刻意操縱的「貨幣政策」取代之後，迄今已過了七十多年（至一九七六年）；但，很少人敢說，在這段期間中，貨幣制度的運作有任何改進。

事實上，根據人類過去的經驗，貨幣確實並不值得信任，但不是因爲一般人所設想的那些理由而不値得信任，而是因爲貨幣經歷過的演化選擇過程，比別種制度受到更多的干擾。由於受到政府壟斷貨幣，阻撓市場競爭進行各種試驗的影響，演化選擇機制在貨幣方面，未曾充分發揮作用。

海耶克進一步說，在政府的照顧之下，貨幣制度已經發展到非常複雜的地步了。然而，在此一發展過程中，由於政府從中作梗，幾乎沒有市場試驗，也很少讓市場自由選擇可能適合它的制度。因此，我們到今天還不太清楚什麼是好的貨幣，也不知道貨幣可以好到什麼程度。

政府壟斷貨幣並不適當

其實，政府對貨幣發展的干擾與壟斷，並不是最近才開始的，幾乎在鑄幣開始被市場選作普遍接受的交易媒介時，政府的干擾就不斷地發生了。海耶克嚴厲地指責說，沒有貨幣，延遠的自由合作秩序，就無法運行，但，貨幣幾乎自始就遭到政府無恥的摧殘，以致它竟然變成延遠的人類合作秩序當中，干擾各種自動調適過程的主要亂源。

除了少數幾個幸運的短暫時期，整個政府管理貨幣的歷史，簡直就是一部詐欺和矇騙的歷史。在這方面，海耶克已經證實，政府自己比任何在競爭的市場裡提供各種貨幣的私人機構，都來得更不道德。海耶克說過不少次，如果政府不再壟斷貨幣，則市場經濟的潛能也許會有更大的發展空間。

重讀海耶克對貨幣的剴切剖析，不禁對世人當前面臨的金融風暴打顫，各國政府控制貨幣的慾望不但一如以往，或許還變本加厲。讓貨幣不再繼續被導入歧途，讓貨幣回歸其單純「交易媒介」的本質。否則，金融浩劫會是慣性的波濤洶湧、沒完沒了的。

平實地說，人類還是有許多睿智者，歐元的統合、歐洲中央銀行及世界中央銀行的構想等等都可以窺知有心人的反省，但是，歐債危機、「量化寬鬆」（QE）「印鈔救市」一再顯示人類仍操弄貨幣、破壞信用，即使實現全球單一貨幣，問題還是存在。畢竟「錢爲何物？」世人根本不想了解，何況似乎已無法理解了！

如今雖進入電子錢幣時期，又是一次革命性的貨幣演變，但對於貨幣到底是什麼的疑問，不只是沒有提出更明確的答案，反而讓世人更眼花撩亂，也更爲迷亂。「虛擬經濟」毋寧是傳神的比擬，此與「泡沫經濟」同義，僅就我們眼見的信用卡引發的諸項弊端，以及金錢泡沫投機遊戲一再帶來的禍害來看，讓金錢成爲單純的「交易媒介」實在是太重要了。廿一世紀出現「比特幣」（bitcon）這種來自民間的虛擬貨幣，受到市場的接受，似乎形成政府壟斷貨幣的反動，或者會實現海耶克所希望的政府不再壟斷貨幣，讓好的貨幣自然出現，也讓信用、道德在市場中重現，則市場經濟的潛能就會有更大的發展空間。

在將基本經濟學理應用於日常生活事務之前，下兩章分別就「競爭」、「價格」這兩種常被誤解的理念作清楚解析。

8 「競爭」並非物競天擇

「競爭」（competition）是人類社會中很常見的名詞，甚至是很多人的口頭禪，而「優勝劣敗」也被當成競爭行爲的結果，在這種似乎並不離譜的理解中，其實仍然存在著一些謬誤，尤其對市場內商業行爲的競爭更有著極端錯誤的理解，此由「商場如戰場」已是人們琅琅上口已可知其一斑。甚至於，不但將同業間的競爭比喻「商戰」，進而把買賣雙方的關係看作戰爭，非得你死我活或我死你活不可。

「商場如戰場」錯得離譜

爲何把同業間競爭的商場看作戰場這一謬見得以流行，很可能與達爾文（Charles R. Darwin, 1809-1882）進化論的「物競天擇」有關聯。不過，達爾文所謂「物競天擇」的「優勝劣敗」，充其量只能是生物學上的爭鬥。指的是一般動物爲著爭取賴以生存的食物和環境而作的「生死鬥爭」。但是，人類自由市場同業間的競爭，是「社會競爭」，是人們在社會分工合作的制度下，爲爭取最有利的地位而作的自我努力。

這種競爭，表現於每個行業、每個廠商彼此都努力於提供價更廉、質更美的貨物或勞務，來勝過對方，爭取顧客，這與生物學上的爭鬥實在天差地別、是截然不同的兩回事。商業競爭是讓每個人都能發揮自己最有利的長處，讓擁有的有限資源作最有效率發揮，是「天生我才必有用」的寫照，不是你死我活，而是大家都能活，並且都能活得更爲美好的情況，是有智慧的人類發揮「分工合作」的方式。在競爭中是有「優勝劣敗」，但敗者只是在某一產品、某一比賽項目中失敗，而在社會中充塞著無數機會，任何一個有心人總可很快尋得自己較強的項目，並非被競爭對手將形體都消滅掉。而且，在產品市場中，有著無數不同等級的分類，至少可在不同價格下同類、但不同品級產品，都有立足生存的餘地。

誠實是商業道德

戰爭是我們人性中殘存的獸性表現。在戰爭中，至高無上的目的是在毀滅敵人，因而任何手段都可採取。「兵不厭詐」歷來是戰略的箴言。商業，是我們人性中理知運作的產物。把商業比作戰爭，不僅是比類不倫，而且嚴重地破壞商業道德。「誠實是最好的政策」這句西方的格言，特別適用於商業。如果「兵不厭詐」的戰略箴言也可以引用到商場，那還有什麼商業道德可言？如今人類社會盛行的假冒商標，顯然是違反商業道德的。可是，如果你把商場看作戰場，那將有何話說呢？或許就是在錯誤觀念誤導下，才有今天這種令人遺憾、卻被視爲正常的現實吧！

一九九五年「世界貿易組織」（WTO）的出現，使得國際貿易的趨勢雖有走向自由貿易「假象」，實則仍有濃厚重商主義的味道。各國都在愚昧地偏向不同面貌的保護政策，關稅壁壘、配額限定雖已減退，但貨幣貶值、反傾銷、補償性貿易等等管制政策，更細緻地干預市場。這些都是或攻或守的戰略運用，也即「商戰」這個謬見在背後隱隱地作祟。說得更極端些，當前經濟學的主流「賽局理論」（game theory），其教導「爾虞我詐」、無所不用其極欺騙對方以求得勝的方式，或許就是競爭的本意被繼續扭曲的一大禍源呢！

「商場即戰場」此謬見的開始流行，是清末民初來自海外的一陣新思潮所帶進來的。當時，「商戰」這個新鮮名詞，經常出自時髦人物口中或筆下，但在中國的傳統文化中，好像找不出這個名詞的根源。

自由貿易促進人類福祉

在西方經濟思想裡，經濟學的始祖亞當・史密斯（Adam Smith, 1729-1790），其經典之作《原富》（*The Wealth of Nations*）就是強調國際貿易有利於相關國家，經李嘉圖（David Ricardo, 1772-1823）「比較利益原理」的解析，也大致成爲定論。可是，即使在經濟學界，都有質疑自由貿易的聲音，經濟學界以外的社會輿論，流行著商場如戰場的謬說毋寧極其自然。

社會輿論，有時不察其眞僞，而像王符在《潛夫論》中所描述的「一犬吠形，百犬吠聲」。尤其那吠形之犬若是一龐然大物而居高位的時候，更會引發群犬和聲，狺狺遍野而持久不絕。走筆至此，不禁想起福祿特爾（Volstire, 1694-1778）和拿破崙三世（Napoleon III, 1808-1873）這兩位世界史上的大人物。

福祿特爾在他的《哲學詞典》「祖國」這一條目下寫著，「要做一個好國民，就要希望本國以貿易致富，以武力致強。很明顯的，一個國家如果不犧牲別國，就不能致富；如果不加害於別國，就不能稱強。」福祿特爾這位鼎鼎大名的作家，是因爲揭發了一些古老的迷信和謬見而享盛名，可是他本人卻不自覺地陷入了一個最可悲的謬見——把國際貿易與對外戰爭相提並論，認爲都是要犧牲別國，加害別國！

名人的謬見危害衆生

拿破崙三世這位皇帝，更是粗暴。他說：「一國輸出的貨物數量，與一國爲榮譽和尊嚴而對敵國所能發射的砲彈數量成正比。」亦即，為著本國的榮譽尊嚴，對外發射的砲彈愈多，則輸出的貨物也就愈多。

福祿特爾和拿破崙三世這兩位赫赫有名、高高在上的大人物，發出的聲音是宏亮的；學院內經濟學教義，不能夠壓抑它。歐洲大陸的情形如此，英國也不遑多讓。儘管亞當·史密斯和李嘉圖都是英國傑出的經濟學家，而英國貴族們典型的見解，卻未受到他們的影響而仍抱持著對商業的謬見。

不幸，在中國，當嚴復把亞當·史密斯的《原富》譯成中文的時候，在另外一方面，也有人把那個不容於經濟學知識的「商戰」觀念譯介進來。於是，海外的吠形吠影之聲，也就聞於中國中土，於今不絕。

在自由市場裡，商業交易總是有利於買賣雙方的，雙方都是覺得「值得的」，否則不會成交。這裡所謂「值得的」，是說買方在拿出一筆錢買到一份貨物的時候，他總會覺得：他所捨的東西其值小，所取的東西其值大。相對的，賣方在拿出一份貨物賣得一筆錢的時候，他也是覺得所捨者值小，所取者值大。如有一方覺得「不值得」，買賣就做不成。可知買賣或交易，不是等值的，更不是一方的利得來自對方的損失，而是雙方都有所得。

買賣雙方皆是贏家

這個事實，照理講，我們每個人應該可從自我反省中體會到。可是在日常生活中，畢竟有些人不會經常反省而有所蔽。人，在有所蔽的時候，再淺顯的道理，他也不懂。比方說，當他生病看醫生買藥吃的時候，他就想不通他所花的醫藥費不是醫生和藥房要他花的，而是他自己的病痛要他花的。醫生和藥房賺得的錢，不是因爲他的病痛，而是因爲給他解除病痛。再比方說，有所蔽的人如果是賣方，當他在某種情形下不得不賠本賣出的時候，他也想不通要他賠本的不是當時的買者，而是他自己的經營失算。買者並沒有給他賠本的痛苦，而是減輕他賠本的痛苦，如果沒有這個買者，他會賠得更多，這也就是前面第五章裏所說的「消費者剩餘」和「生產者剩餘」。

這兩個比方應該已可以說明在自由市場裡，商業是有利於雙方的基本原理了。至於「一方的利得是另一方的損失」這個說法，適用於盜竊、劫掠和戰爭。盜劫得到的贓物，是失主的損失；戰爭的勝利，是敵國的敗降。盜劫和戰爭這些罪惡行爲，與商業不僅是截然不同的兩回事，而且是像黑暗與光明那麼相反的兩回事。

競爭不是「零和」遊戲

寫到這裡，腦中浮出一九九八年美國職棒全壘打競賽的畫面，那是馬奎爾和索沙兩人活生生地詮釋「競爭」眞義的事實。當馬奎爾率先打破馬里斯障礙且刷新全壘打紀錄時，在致謝詞中特別感謝其對手索沙，原因是由於索沙的參與競爭，讓他不敢有一絲一毫的鬆懈，就在彼此砥礪的過程中，潛藏在體內的能力被逼了出來，最後才能突破自己的極限。如果索沙沒有盡己全力，甚至於放水、欺騙，「競爭」就根本不存在，那麼馬奎爾也將失去破紀錄的一大動力，而連帶地棒球比賽也就失去精彩度。他倆的全壘打競爭，也讓美國職棒大聯盟（MLB）市場得以振衰起敝呢！

經查「競爭」這個字的字源，在拉丁文是 strive with，而非 strive against，意即一起奮鬥，而非殲滅對手。儘管兩造競爭的優勝者僅一方，但競爭絕非是「零和」遊戲，也非無所不用其極的惡劣鬥爭，而是參與競爭遊戲者共同完成更高層次的東西。運動競賽如此，商業競爭如此，就是一般生活中的各種人際關係也都是如此。可是，在當今充滿刀光劍影、爭權奪利、爭爭鬥鬥、爾虞我詐的人類社會，理解競爭眞義者究竟有多少呢？

9 威力無窮的「價格」

二〇一一年七月底的某一天，新北市政府法制局的消費者保護官接獲民眾檢舉展開調查，發現轄內各賣場有明顯分店價差，甚至還有單一商品價格相差近百元情形。新北市府於是要求業者標出各分店商品價格，若十五日後複查還是沒做到，將對業者開罰2萬到6萬元，並得以連續罰。

「差別取價」天經地義

對於消費者來說，相信絕大多數會拍手叫好，因爲直覺上「同一家連鎖大賣場，同一件商品在不同的分店卻出現不同的價格」，眞是豈有此理！不過，政府對這種「不二價」的干預，無論在實際生活或以基本經濟學理檢視，卻都有待明辨之！

事實上，同一部電影在不同電影院放映，價格不一定相同；甚至於，同一家電影院放映同一部電影，早場、午場、晚場的票價也可能不同；同一家KTV，不同時段的取價不一定相同；同一種牌子的冰淇淋，在同一家店的同一時間，買一個、二個、三個……，其單價也可能不一樣。

如此看來，現實生活中，同一種東西在不同地方、不同時段，其價格不一定相同的情形，可說司空見慣，這是所有自由社會裡的普遍現象，也就是所謂的「差別取價」。不但民營商店有這般做法，連電力、電信這種官方壟斷或半壟斷的產品，也都有「尖峰訂價」這種差別取價的方式。

在基本經濟學理，最標準的是以「價格需求彈性不同」來解釋這種到處都存在的差別取價現象，同一種產品在彈性高的地方取價較低，反之較高，爲的是獲取最高的利潤。全球著名的華裔產權經濟學家張五常教授，就曾親自在香港年宵夜到市場「賣桔」，親身體驗「價格的變化」，他以顧客們的「資訊不同」來詮釋「沒有必要不二價」。無論是哪種說法，都指出「差別取價」是合理的。

「傾銷」指控值得商榷

台灣每年定期沸沸揚揚的「果賤傷農」、「蕉賤傷農」、「穀賤傷農」，便可以用「價格需求彈性」的概念詮釋。舉例來說，在其他條件不變下，當香蕉的單價上升1%，某甲購買香蕉的數量減少2%，則謂某甲對香蕉的「價格需求彈性係數值」

爲2（2％除以1％）；若某乙在香蕉單價上升1％時，對香蕉的購買量只減少0.5％，則某乙的彈性係數值爲0.5（0.5％除以1％）。如果你是香蕉的販賣者，面對甲、乙兩個人，你會如何訂價？你會對甲、乙取相同價格，抑或取不同價格呢？

由於甲對於價格的變動較爲敏感，若價格拉高，購買量會減少很多，賣者的「總收入」將減少，因此對某甲不但不應抬價，還應降價讓他的買量增加才較有利於賣者。對於彈性係數小於1的某乙，將價格提高時，雖然購買量會減少，但減少的幅度卻小於價格上升的幅度，於是賣者將售價訂得高，對於「總收入」增加有利。這也是產地價和城市賣場價格會有差異的一種詮釋。

此理念也可應用到國際貿易，將甲、乙換成地區或國家，就會知道在不同地區或國家，如何訂價最爲有利。其前提是，任何國家的政府都不應該去干預價格的訂定。誠如新北市消保官所言：「一店兩價不是不行，但資訊要清楚載明，標出各分店商品價格。」因此，執政者務必以「不去干預商家的訂價」爲要。

供需角力影響訂價

差別取價的主導者看起來是賣方，但賣方也無法一意孤行，因爲東西是賣給買者，一定要買者掏腰包才行。不過，主導者還是賣者，那麼，賣者求的是什麼？利潤最大、收入最多應該是最重要的標的；而達成目的得由「單價」和「銷售量」來決定。通常的情況是：價高則賣量少、價低則賣量多。不過，高價和少量的乘積、低價和高量的乘積，何者較大卻不一定，由上述基本經濟學理的「價格需求彈性高低」，可以清楚得知：彈性高則訂價要低，反之則訂價高。這正是實際社會活鮮實例的寫照。

要問的是：這些生意人學過經濟學嗎？那倒未必，但由「試誤」過程存活下來者，其行爲一定合乎經濟原理。價格需求彈性高低並不能精確計算，但由調查實證卻能得到大略的參考。所以如果先有基本經濟學理作根基，再配合對實際環境的瞭解，成功的機會較大，以需求價格彈性來剖析「差別取價」就是一個好例子。政府強迫「不二價」或干預價格，實在不是一項值得喝采的做法。

至於國際貿易裡所謂「傾銷」的事實，恐怕也只是「差別取價」的一種現象，指控「傾銷」不但對業者有害，對於本國消費者也不利。但政府卻很喜歡去管，因爲大家以爲必然存在一個「合理」、「適當」的價格，也都認爲消費者是弱者。

上文的分析雖以賣方爲價格主導者，但買方若不同意也無法成交，所以「物價」終究是買賣（或供需）雙方成交所決定的——雙方都在「有意願買賣」，以及「有能力買賣」兩個條件下達成交易，而「價格」便決定了。買者希望低價、賣者期望高價，雙方角力結果決定了成交價，此即「市場價格」或「合理價格」。由於供需雙方都有無數行爲人，每個人的「意願」和「能力」與時俱變，市場價格也因而變動不已！

市場無所不在

在現實人間，自給自足已少之又少，大家相互交換、互通有無是家常便飯，「交易」或「買賣」無時無刻都在進行，以「金錢」作爲買賣籌碼是再自然不過的事。然而「錢從哪裡來？」，標準答案是：「賺來的！」。怎麼賺？有人賣一般商品、有人賣勞力、有人賣腦力、有人賣服務、有人賣資金、有人賣房屋、有人賣土地……，當然，每樣皆需買者。可以想像的是：人人都是買者，人人也都是賣者；有時扮演買者，有時轉爲賣者；或者同時是買者又是賣者。那麼，買賣（亦即交易）如何進行？買賣雙方又如何決定交易？「價格」就是最重要的資訊和指標。

關於價格，一般可分爲商品價格、勞動價格、資金價格、土地或自然資源價格，抑或是一般物價、工資、利潤、利息（利率）、地租等等，只要有買賣、有市場，就會有價格出現。總而言之，萬事萬物都可能有價格。

關於「價格無所不在」或「任何東西都有價格」的現象，二〇一一年七月在台灣出版的《掌握價格，就能操控世界》這本翻譯書闡釋得極爲透徹。作者從一般事物的價格開場，依序將「人命」、「幸福」、「女人」、「工作」、「免費」、「文化」、「信仰」，以及「未來」的價格一一鋪陳。「免費」的價格由「天下沒有白吃的午餐」這句通俗話語就可明瞭；「文化」的價格由晚近紅得發紫之「文化創意產業」也可窺知一二；倒是信仰和未來這兩種價格幾乎鮮少聽聞，由贖罪券、拜拜、廟會、信徒們建廟和捐款及供養等，讀者就能恍然大悟，得知信仰的價格。

理性選擇降低試誤風險

至於「未來的價格」，由「經濟成長的代價」、「污染」、「全球氣候變遷、暖化」、「自然資源愈見短缺」、「生育率下滑、少子女化」、「債留子孫」這些當前正熱的課題，可體悟到人類對未來價格低估的可怕，也重重棒喝世人的「短視」、「活在當下」，而「沒有明天」也就是結果。當前天災人禍，海嘯、地震、旱澇，以及金融風暴一波波，都可說是輕忽或無視「未來價格」的後果。

該書第二章所詮釋的「沒有白吃的午餐」這個觀念有必要再強調，它也可詮釋爲「有得必有失」，如何估量得失就是關鍵。不幸的是，由於人往往將「得」高估，對於「失」嚴重低估，以至於人生「不如意事常十之八九」、「失敗」也成爲常態。

所以，每一個人應儘量「理性」，將一件事情的利弊得失於事前冷靜且理性評估，讓「價格」眞實地呈現，如此，正確的選擇之機率提高，做錯和後悔的機率也將減少或降低。當然，現實環境不確定、資訊也不充分，未來更是瞬息萬變，人的價值觀也變化莫測，所以價格不可能固定，也不可能永遠正確，這也正是現實世界變動不居的寫照。而眞實人生就是不斷「試誤」的過程，人畢竟是凡人，人間也非天堂，若對價格、市場的觀念有正確認識，人人保持理性，世界就能趨近美好。

打破幻覺，認清貨幣本質

對於該書作者在終章所說的「價格失靈」，必須予以導正。「價格」是不可能失靈的，因爲價格是人的供需行爲決定的。如上文所提，當今是以金錢或貨幣來表示「價值」，代表一種「實質」的概念。如果將「實物」的價值用「以物易物」的方式觀之，意即「換得他物的數量」，那麼所謂的價格就是不同東西之間交換的比率。

而當貨幣被作爲「交易媒介」，尤其本身不具絲毫價值的紙幣（鈔）全盤取代「以物易物」成爲交易媒介後，除遮掩了眞實情況，還因而出現「名目」和「實質」兩種概念——貨幣變成一種名目，不同物品之間的交換價格比率並沒有變動，卻產生了「貨幣幻覺」的現象。

舉例而言，同樣的100元，去年可買5顆蘋果，今年只能買到4顆，亦即蘋果單價從20元上升至25元，上漲率25％；若去年工資100元，今年上升到125元，名目上薪水增加25元，實際上還是購買到5顆蘋果，「實質」工資根本沒有增加；如果薪水增加少於25元，實際上非但沒加薪，反而還減薪呢！

價格會失靈嗎？

貨幣因素或貨幣數量多寡影響「實質」價格，而貨幣是由政府獨占發行，如何管控貨幣數量就是非常重要的事。如果發行數量太多就會金錢氾濫，引發物價猛漲，造成人人聞之色變的「通貨膨脹」；或使得股票、房地產大肆炒作，讓股價、房地產價格狂飆，形成泡沫經濟。

當「名目」和「實質」嚴重脫離，高價乃由貨幣數量支撐，人們若無法抑制貪婪，一味追逐高價，致使泡沫大到某一程度最終破滅時，價格亦隨之「暴跌」。這種暴起暴落的價格漲跌，仍是價格的反應，此時傳遞的訊息只是在警告人們，怎可說是「價格失靈」了呢？

總之，價格是一種訊息、信號指標，本來是「價值」的表徵，但因政府管控貨幣失誤和貨幣政策、財政政策等干預，導致名目和實質愈離愈遠。此時價格發出的是警示訊號，告訴人們崩跌在即，也警告政府不能再亂印鈔票，更突顯出「信用敗壞」，市場就要崩盤，苦日子就要降臨了。唯一的趨吉避凶之道，就是人人應堅守理性。

此外，天下沒有白吃的午餐、沒有「免費」這回事，所謂「不勞而獲」、「天下掉下來的禮物」往往是含有劇毒，也就是相應的「代價」奇高。我們若能正確了解「價格」這個寶貴訊息，可讓我們的行爲更理性，也會做個誠信的人，這不僅可使犯錯機率降低，人生旅途也會走得更順遂。

10 做慈善先讀經濟學

二〇一三年淡淡三月天的台灣街頭，曾出現多處免費分送高麗菜的攤位，一旁還掛著「愛心助菜農」的招牌。據知，主事者多為慈善團體或村里辦公處。

對於這樣的「愛心」，有人為文質疑：「是在幫助菜農，還是傷害菜農？」並且認為慈善團體向菜農採購高麗菜免費分送給消費者，正是「愛之適足以害之」的典型實例。

愛心不當反成為害

分析指出，高麗菜的滯銷和價格崩盤，原因只有兩個：一是供給過剩，二是需求不足。而這兩個問題，都不是愛心可以輕易解決的。慈善團體的採購，固然可暫時增加菜農的銷售，但這些採購而來的高麗菜，卻被用來免費分送給消費者。有了免費的高麗菜，消費者自然不必到菜市場購買。菜販因此立刻面臨銷售下跌的結果，不得不減少對盤商的進貨。盤商接著也被迫縮減對菜農的採購。最後，菜農還是回歸到原來產品滯銷的困境。

更糟的是，慈善團體的採購，通常付出的價格都比盤商低，因爲其採購並非以營利爲目的，何況菜農此時也缺乏講價的條件。所以，明顯的，菜農的整體銷售量，並沒有因慈善團體的採購而增加，說不定消費者的需求還會減少呢！結果是，菜農的總收入減少了，因爲慈善團體的採購，壓縮了產地的價格。

因此，慈善團體以這種方式表示的愛心，並沒有眞正幫助到菜農，反而傷害了菜農，當然落得「愛之適足以害之」的下場。

「愛之適足以害之」是東方古早以來的警語，在西方也有相同的警語，他們是說「到地獄之路往往是好意所鋪成的」（The road to hell is paved with good intentions）。這兩句異曲同工的話語，都是在提醒好心人做善事，不只要有「溫暖的心」，還要有「冷靜的腦」細細思量如何做好，如果做法錯誤，不但幫不了弱勢者，反而害了他們，讓弱勢可憐人的處境更不堪。

「溫暖的心」加「冷靜的腦」

看到上面的活生生現代實景，我的腦中立即閃出一八三四年英格蘭和一五六四年明朝嘉靖四十三年的兩個東西方歷史案例。

西方的例子出現在一九八二年諾貝爾經濟學獎得主史蒂格勒（G. J. Stigler, 1911~1991）一九八八年出版的親筆自傳裏，史蒂格勒在書中，特別舉出一個他最欣賞的代表人物郎菲爾德（M. Longfield），這位是十九世紀時天賦異稟的愛爾蘭經濟學家暨律師。

郎菲爾德在一八三四年時，對於英格蘭某些地區富有人家習慣在糧食相當短缺期間，購買小麥再以半價轉售給貧苦人家一事評論，這些富人雖明顯地基於悲天憫人的「利他」胸懷，但此種作爲不但完全徒勞無功，反而會惡化貧苦者的生活。理由是：小麥短缺時，唯有富人少吃才可眞正濟貧，以多買再轉賣，只會使需求突然上升而致價格激漲，漲後的半價也比原先富人沒行動時的價格來得高，如此一來貧苦人家不是反而更將受害了嗎？

中國人古早就有經濟學觀念

東方的例子則出現在明朝凌濛初著作的《二刻拍案驚奇》，在卷一第三頁中如此記載：「且說嘉靖四十三年，吳中大水。……米價湧貴……官府嚴示平價，越發米不入境了。原來大凡年荒米貴，官府只合靜聽民情，不去生事，少不得有一夥有本錢趨利的商人，貪那貴價，從外方賤處販將米來；有一夥有家當囤米的財主，貪那貴價，從家裡廒中發出米去。米既漸漸輻輳，價自漸漸平減。這個道理，也是極容易明白的。最是那不識時務執拗的腐儒作了官府，專一遇荒就行禁糴、閉糴、平價等事。他認道是不使外方糴了本地米去，不知一行禁止，就有棍徒詐害。遇見本地交易，便自聲揚犯禁，拿到公庭，立受枷責。那有身家的怕惹事端，家中有米，只索閉倉高坐；又且官有定價，不許貴賣……。那些販米的客人，見官價不高，也無想頭。就是小民私下願增價暗糴，懼怕敗露受責受罰。有本錢的人，不肯擔這樣干繫，幹這樣沒要緊的事。所以越弄得市上無米，米價轉高。愚民不知，上官不諳，只埋怨道：『如此禁閉，米只不多；如此抑價，米只不賤。』沒得解說，只囫圇說一句『救荒無奇策』罷了。誰知多是要行荒政，反致愈荒的。」

這則一五六四年（十六世紀），明朝嘉靖四十三年的事證，生動地刻畫出價格機能的奧妙。連中國這個經濟學出現頗晚的國度，在那麼古早都已對經濟原理有體驗了。這些東西方古代和現代社會的例子，其實都非特例，可說隨時隨地可見，它們顯現出的「愛之適足以害之」、「到地獄之路往往是好意所鋪成的」後果，以最簡單的經濟學供需原理和簡圖就可清楚分析，也可約略見識到價格機能既奧妙且不可加以壓抑的道理。經濟學家在很多時候只以此種基本的供需原理來分析事情和問題，就得到與一般人想像的不一樣結果，而此結果往往很不中聽。

我們或可說既生爲人，不分古今中外，若行事不合基本經濟原理，即使是善意，也難免收到適得其反的惡果。能不愼乎？

謹記「愛之適足以害之」

「愛之適足以害之」早被世人琅琅上口，但卻常被當作耳邊風。不但凡夫俗子不重視它，甚而有權力的政府官員們更是如此。前者所造成的害處不會影響太大，但後者所產生的不利，所涉及範圍可就寬廣許多了。

關於一般人的情形，以父母親「望子成龍、盼女成鳳」作例子，是最恰當不過了。所謂「天下父母心」，爲人父母者當然都是最疼自己子女的。由於子女年幼無知，對於未來無法抉擇，於是父母基於自己的體驗，便替子女預爲設想，並鋪陳一條通往自認爲光明前程的大道。一方面，罔顧子女的天賦、性向、偏好等等，強迫子女做這做那、學這又學那；另一方面，也爲了呵護子女，一切的瑣事都幫忙處理，而對日常生活中的處世道理及方法，都不放心讓子女去體驗。

在東方社會，這種普遍以升學爲唯一目的的僵化教育體制裏，更加強這種情況的瀰漫。如果我們能做實況的訪問調查，相信爲人子女者都會牢騷滿腹（二〇一三年四月十二日媒體報導一位國三生寫信給洪蘭教授，央求洪教授跟他媽媽說別逼他一直讀書，正是活生生顯例，我們相信這並非個案，而是普遍現象），而且，他日踏入社會時也難以立即調適。畢竟，個人都是基於自己「主觀」的判定，以成本效益準則來作行爲的抉擇依據，任何的其他人是無法「越俎代庖」的。

家庭裏的故事也會在社會上看到，父母的角色換由政府當局扮演，子女當然就是人民了。基於好意，政府爲要確保人民得到完善的服務，通常將郵政、交通運輸等歸公營，但結果卻使人民只能消受價高質劣的服務。而爲使本國產業免遭外國業者的箝制，於是政府乃以關稅、禁止進口、設限等方式來保護幼稚國內產業。結果是，消費者得到價高質劣的產品，而且無法享有多樣化產品的消費；另一方面，受保護的業者，在缺乏競爭的激勵下，不會惕勵經營，以致效率低、進步慢，等到有一天不得不與外界競爭時，因爲不堪一擊而又哀求政府救濟了。這些固然都是信手拈來的「愛之適足以害之」的例子，不過，最明顯的情況還是在政府的社會福利政策。

社福政策非福利

無論什麼樣的社會總會有著不平等的現象。即使在吃「大鍋飯」的共產社會裏，仍然免不了，而在自由的社會中就更不用說了。政府之所以出現，旨在爲民服務，做好人民託付的事務。但在一個自由民主社會，到某個階段後，就會有政府應保障所有的人民都能過著起碼的生活水準，不但吃穿不愁，也要使其有住屋，生病了更要有所照顧，甚至有所謂「從搖籃到墳墓」都由政府負責的主張及作爲出現。

其實，這一理想只是妄想，爲什麼？基本的道理有二：一、生產資源是有限的；二、「好逸惡勞」是現代人的通性。如果「不勞而獲」的利得，許多人都會設法去爭取。如果得到的話，由於代價甚低，不會加以珍惜，因而「浪費」情事很自然的出現。而且一旦出現不勞而獲的機會，得到者就會百般的設法增多其機會，於是社會資源就會愈來愈被浪擲在無生產性的用途上，對於人群的福祉當然不利。結果是，那些無力自謀生活，本應得到這些不勞而獲者，卻往往無法眞正享受到，或者即使得到，也是品質更爲低劣的服務。讓我們舉些例子來說明。

以全民醫療保險來說吧，原來的目的在免除全體人民（尤其是窮苦者）遭受疾病的痛苦，或由公家全額支付醫療費用，或只由私人負擔微小的一部分成本。在自己也須繳付費用時，爲了避免吃虧，難免增加看病的次數，而且不會珍惜藥物。於是，看病的人口激增，藥物的需求也大增，不但看病時間拉長，醫生及護理人員的負擔也相對加重，醫療設備亦會呈現相對缺乏，於是醫療品質每下愈況。而且，在醫生和醫療設備相對不足的情況下，高所得者仍然可以用支付較高費用的方式，得到高品質的醫療，而政府原本想要照顧的那些貧苦者，反而得不到起碼的醫療，甚至反會受到歧視的待遇。

此外，由於醫療水準的普遍降低，使中產所得階級也連帶受害，而且因爲浪費的產生，更損害了可用的資源。如果再進一步實施像以前英國的「免費醫療制度」，則結果是，新醫院不會增加，或者說社會中的醫療資源總數維持不變或增加有限，但醫療消費卻大增，於是在中、高階層醫療資源消耗增加下，貧民所分得的資源大爲減少。另一方面，官方醫療的服務品質降低了，就英國言，在全民醫療實施後，最好的醫生大批遷移他國，留下來的醫生所賺取的費用，係依診療病人數目而定，並非由醫療案件的複雜性決定，於是他們認眞看病的意願大大削弱了。因此，提供免費或近乎免費醫療，對於能夠看病者而言是「廉價」或「免費」的，但總會有人來支付這些費用，而矛盾和弔詭的是，支付者往往就不是應支付的那些人。（一九九五年三月一日台灣匆促上路的全民健保，財務黑洞愈陷愈深，愈來愈棘手，可見一斑。）

再以補貼國民住宅或合宜住宅的辦法來說吧！由於低所得家庭付不起房子的市價，於是政府會以補貼國民住宅的建設費用，以及低於市價出租出售，來對抗房價上漲。不過，由於國民住宅的房價低於市價，很自然地「只要還有國民住宅，就會有愈來愈多人想住進去」，換句話說，更多需求者會蜂湧而來。結果是，等待的長龍出現了，而獲得公共補助好處者，並不必然是最需受補助者，而是最精通如何從政治體制中得利的一群。不用多說，最貧窮的人，很少能沾上邊，但是，這又與原意相違了。

我們再舉失業保險為例。經濟不景氣時，難免會有人失業，這個時候若能有最低生活費的來源，當然可以避免斷炊，也可讓暫時失去工作者安心找事，這也應是失業保險實施的原意。但是，由於保險費的來源往往大部分需由雇主負擔，一來增加雇主的營運成本，使其競爭力減弱；二來勞動成本上升，致廠商的勞動需求降低，不利於工人就業；三來失業保險的存在，使失業者寧願失業而不工作，或較不積極去尋棲身之地。結果是，工作意願將受到打擊，工人易於養成好吃懶作的習性，不但對工人無益，更傷害到整體經濟。

福利還是自謀最實在

上面所舉的這些例子所顯示的現象是，看起來是很理想的福利政策，眞正實施起來卻不是那麼一回事，不但對當事人無益，而且反會有害，而其害又會波及全社會，二十一世紀歐債危機的希臘是個活見證。為什麼會這樣呢？原因是，這些政策都是容易走向「白吃午餐」或「白搭車」之路。

如果一個社會果眞進步到可以提供一些資源來幫助孤苦無依的那些人，那麼，就應該針對亟需的「個人」給予補助，不可將特定的職業、年齡、勞工組織或產業群體來作「集體」性救助。不然，不但社會寶貴資源將會浪費掉，更糟的是，那些真正需要救助者，反而處於更不利的地位。

在經濟分析的檢視下，中國人的先哲之言「愛之適足以害之」，是有其顛撲不破的道理在。而西諺「到地獄之路往往是好意所鋪成的」也呈現相同意涵，看來東西方在社會福利這條路上並沒有差別啊！

11 生兒育女經濟學

一個人爲何降臨人世？雖然有著不少傳說和神話，但由母體生出來應是最眞實，是世人都知道的。不過，爲何母親會有生育的行爲呢？這得溯及父母爲何會有生育的念頭。若由經濟學理著手，也可以得到很清晰的了解。本章就借用「生育力的個體經濟理論」來解析。

藉由小孩和財貨給人的感受作比擬

這個理論是由經濟學界的天才、二〇一四年五月去世的一九九二年諾貝爾經濟學獎得主貝克（G. S. Becker）教授所揭示，而完整的數學模型則由威里斯（R. Willis）教授予以完成的。如以上數章所述，個別消費者所追求的是效用極大，而效用的獲得係由消費「財貨」而來，所謂的財貨，範圍極廣，我們也可以簡單的歸爲兩類，一爲小孩（當成一種特殊的消費財），一爲其他的商品。此處，似乎將小孩物品化，理由是小孩提供給父母或家庭成員的滿足（或效用），與其他的物品無異。這種將小孩當成耐久性消費財的方式，即使是在思想開放的美國，也不只受到社會學家和其他學界的嚴厲批判和撻伐，就連經濟學家中也有不少反對者，至於其他較爲保守的社會，就更可想而知了。這些反對者認爲，此舉簡直是對「人的尊嚴」之一大侮辱，實在令人無法忍受。

不過，値得注意的是，這裏的分析並不是眞的把小孩與冰箱等耐久性消費財同等對待，由而可以交換、買賣，而是藉由小孩和財貨給人的感受相同作爲比擬而已，只表示一種相同的感覺罷了，應該不至於會造成什麼嚴重後果的。何況這種分析係屬「事前」的概念，亦即行爲者在實現其行爲前，先由客觀環境的判斷作爲選擇行爲的基礎。也就是說，要不要生小孩、生多少個小孩，是在事前就已作適當的決定了，而不是在小孩生下之後再決定如何處置。

小孩爲一種「正常財」，當所得提升時，應對小孩的需求有正向效果

我們暫且撇開這些價値觀方面的爭論不談，而假設這樣的處理可以被接受，接著即可在所擁有的所得及物品的相對價格等限制條件下作消費抉擇。在此分析下，假設其他情況不變，如果小孩的價格逐漸高於其他物品的價格，則對小孩的需求量就會減

少，這就是所謂的「替代效果」（substitution effect），那麼，小孩的價格（或成本）又指的是什麼呢？一爲有形成本，即食、衣、住、行等養育成本，以及提升品質的教育費用等；另一爲隱含成本，此即由於生、養小孩而不能工作所損失的當期工作報酬。而根據消費理論告訴我們，既然小孩爲一種「正常財」（normal goods），當所得提升時，應對小孩的需求有正向效果，亦即，所得愈高，小孩會生得愈多，此即「所得效果」（income effect）；不過，我們也不要忘了，除了對小孩的數量有所需求外，小孩的品質更是被強烈的需求。我們也知道，所得提升、教育程度愈高，對小孩品質的要求也提高，小孩的成本也愈形上漲（不但由於要小孩吃得有營養，穿得更體面，受更完美的教育，致每個小孩的有形成本增加，而且父母的所得高，表示單位時間的工作報酬高，時間成本高，於是隱含成本亦高），替代效果大過所得效果，因此，對小孩的需求很自然的不得不減少，這應該就是我們當前社會的寫照。如果你（妳）是爲人父母者，對於這樣的分析，不知以爲然否?

這裏，再要提醒讀者注意的是，上面的分析是將小孩比擬爲耐久性消費財，小孩子本身直接對消費者（父母及家庭成員）產生效用，這是較適用於進步國家或社會的說法。而在落後的國家及社會裏，卻往往將小孩當成投資財或生產財，對於小孩的需求，主要是作爲未來財務安全的來源，亦即中國人「養兒防老」的固有觀念。

倘使生育力的個體經濟理論可適當解釋我們當前（生育率低）的現象（應該是的），那麼，除非到了那麼一天，經濟社會發展的程度到達小孩子對父母的價值再升高（或其相對價格下跌了），否則任憑政策的如何訂定（也許某些獎勵措施可產生誘因，但其成本頗高），要想穩住出生率使之不降，甚至提高出生率，恐怕將會事倍功半！至於家庭計畫所發生的效果，是居於輔助性的地位，只能配合行爲觀念的轉變而因勢利導。

12 健康也是一種財貨

打開電視，翻開報紙、雜誌，五花八門的廣告中，醫藥廣告的份量非常高。其實，除了醫藥廣告何其多之外，台灣的藥房何其多、台灣的大大小小醫院也何其多。如果你們曾到過醫院，相信會爲那「門庭若市」的景象咋舌不已。這些現象是反映現代的國人較容易生病嗎？我們若進一步觀察就會發現，這些光顧醫院者，固然有許多是身受疾病侵襲，非得找醫生不可的，但是，似乎有更多人只是因爲覺得有什麼毛病，而先去找醫生檢查。這是表示現代人的身體較弱、容易生病嗎？抑或顯示現代人較愛惜生命、對健康有較大的需求呢？就一般來看，答案應該是後者。怎麼說呢？我們就以經濟學理加以說明。

人雖逃不過生老病死，但我們有選擇它們發生時刻之能力

根據基本消費理論，一個人所追求的，是如何使其滿足達到最大。但滿足從何而

來？是消費了「財貨或物品」（commodity）之後得到的。這裏所講的財貨涵義甚廣，訪友、心靈的和平、知識等等也都包含在內。而財貨又是怎麼產生的呢？這就牽涉到生產了，最基本的是家計單位的生產，此種生產方式的投入品，可以歸納爲市場中的商品（也就是我們通常說的最終產品），以及消費者自己的時間這兩大類。前者是市場出售的有形產品，如汽車、住屋，後者的單純意義則是每天二十四小時。不過，每個人每天的總時數雖然都是一樣，但其「質」則有別，這就關係到單位時間的生產力問題，而且每一個人的「可用」時間也並不相同。因此，就時間來講，它不是一個外生變數，而是由多個因素決定的，其中最重要的就是「健康」。

我們知道，人是血肉之軀，有天生的生命週期，每一個人都逃不過「生」、「老」、「病」、「死」四大關卡，但是，我們卻仍有選擇它們發生的時刻之能力。每一個人先天的健康狀況不同，又會隨年齡而變動。一般而言，到了某一個年齡之後，健康會逐年折耗，工作時間當然受到影響；不過，我們也可以利用一些方法來減緩折耗的速度，這就是健康資本的投資問題。我們可以投資於醫藥上、可以投資在營養上，也可以投資在運動上。當然，這些投資都需要花費代價，不但要有金錢的花費，而且，也要花費時間去配合，換句話說，都是需要成本的。因此，這裏也牽涉到選擇問題，亦即，必須在增進健康的各種行動和不顧健康之間作抉擇。

人們爲何需要健康呢？健康又是什麼樣的財貨呢？葛羅斯曼（M. Grossman）在一九七二年曾強調過，健康同時具有消費財和耐久性投資財雙重身分。由此能滿足兩個目標：第一，作爲消費財貨言，健康能直接進入效用函數產生效用，我們或可反過來說，如果生病就產生負效用，因而健康是一種正常的財貨；第二，健康是一種投資財，它可以決定「可用的時間」的量和質。

時間價值是隨所得、財富的增加而提升的

既然健康是一種財貨，我們對它有所需求，那麼也就可以導出健康需求函數來。而且，既然它是一種正常的財貨，也就跟其他的正常物品一樣。在價格與數量的平面圖形上，需求曲線係由左上方往右下方延伸，也就是說，在其他的因素不變之下，隨著健康價格的上升，健康的需求量將減少，反之則會增加。那麼，健康價格指的是什麼呢？在我們的日常經驗中，最容易想到是醫療價格，也就是直接付給醫生或購買藥品及醫療設備的花費，這些是看得到的健康價格。除此以外，尚有「隱含成本」，其中，時間成本是很重要的一種。這裏的時間，除了指看病所花的時間外，尚包含身體不舒服的時間；如果能經常保持健康狀態而沒有不舒服時間的話，就有更多時間投入市場工作賺錢，或是從事他種足以提升效用的活動。一個人的時間價格愈高，他花用

於避免工作中斷的費用也會愈多，這種現象也可以供作解釋健康費用跟隨所得提高的理由，而且也可以解釋高所得者爲何肯提供較多的資源以避免生病，這是因爲生病對高所得者而言，成本較高，亦即時間成本較高故也。

這樣的分析方式亦可說明，一個愈進步的社會爲何對於健康需求愈提高，爲何會更加避免生病，這並非只用所得和財富增加就能解釋清楚的。若要解釋清楚，必須把時間這個因素加進來，而時間價值是隨所得、財富的增加而提升的。

人力資本能夠使生產力增加，而使財貨的生產及工作報酬皆提升，早被貝克（G. S. Becker）和賓波拉斯（Ben-Porath）在一九六七年提出，他們著重於學校教育和職業訓練兩種人力資本。而葛羅斯曼不但將健康也視爲人力資本之一，且認定它們也能促進生產力及所得的提升，他更強調健康資本與其他人力資本的區別。他特別強調：時間可用於生產物品和賺取報酬，而可用的時間則是由健康決定的。由於突出了時間這種因素，使許多現象的分析得以更加深入，對於醫藥、醫療設施和醫生等的需求增加，也只是一個例子而已！

13 友誼的價量比

在上面第五章裏，已把「彈性」稍作了定義，我們也可以將彈性解釋作：「一種行爲對應於他種行爲所作反應之敏感度的測量」。在經濟學裏，用得最普遍者即第五章中所提到的「需求的價格彈性」和「供給的價格彈性」。彈性的概念實在不只是作爲嚴格檢視經濟資料的有用工具而已，它也可在我們日常行爲上扮演有用的角色，可以幫我們區分並且排列朋友的品級，提供我們「分辨誰是自己的眞心朋友」之依據。

友誼有許多替代品，友誼之需求是「有彈性的」

關於友誼的彈性，我們可以由經濟分析眼光予以解析，首先，必須給予「好朋友」一個適當的定義，我們以「對於你的友誼之需求的價格彈性低者」作認定標準，換句話說，係指友誼的價格變動時，友誼的數量幾乎不變者就是好朋友。不過，友誼的價格是什麼？友誼的數量又是如何表示呢？前者指與你作朋友者所要支付的成本，這種成本當然指的是「機會成本」，包括了金錢成本和非金錢成本，也包含了可見到的成本和隱含未顯的成本，譬如：與你出遊需要飯錢、交通費、娛樂費；同時還需花費時間作陪，如果將這段時間用在工作上，是可以賺取某個數量的金錢報酬的。前者是外顯成本，後者是隱含成本。總括這些成本，隨著你的特性而發生變動，諸如：你是否易於相處？你是否風趣？你是否算是一個健談者？你是否值得信賴等等。至於友誼的數量，則可用你與朋友相處時間的長短來衡量，也可用「有急事時可以相託的程度」表示。

在定義妥當友誼的價格和數量之後，便可藉用彈性觀念來測試朋友的眞僞了。當友誼的價格提高，譬如出遊的有形花費增加了，或是你的行爲變得惡劣了——約會遲到、脾氣暴躁、說話不算數、說謊等等，這個時候還不會棄你而去者就是友誼度頗高的，此時的友誼需求也是「無價格彈性的」（彈性小於一就是無彈性），亦即，當友誼價格升高時，你的友誼消費量並沒有變動多少。

並非所有的人都能夠如此待你，如果你仔細觀察而作試驗檢定，很多人是通不過的，只要你稍給臉色看，許多人是會離你而去的。我們可以這樣說，你與這些人的友誼有許多的替代品存在，亦即，這些人對於你的友誼之需求是「有彈性的」。

試以此種定義想想你本身的關係，你能夠察覺誰對你的需求有著高的彈性嗎？想想看，是否某人當你沒能立即回話時發火？是否某人只當用得著你時才來電話？是否某些人時常堅持著非照他們所想的方式去做不可？

利用友誼的經濟分析，可以設法努力使彈性維持某個水準

我們也可以將此種彈性概念用來區分友情、親情，以及愛情。將這三種「情」放在一起討論，當然就是指雙方當事人是不同性別的了。如果利用上述彈性的概念，我們可以將這三種情就按照友情、愛情、親情作親密或品級的排列。男女雙方最先是以朋友開始交往，對於友誼價格變動的反應，敏感度非常高，對方偶有不耐煩的語氣，或有心不在焉的舉措，馬上就會有疏遠的反應動作出現；當彼此都開始不太注意對方的一些小疏忽時，友誼就能逐漸昇華到某種程度，這時縱使對方約會遲到半小時，讓你枯坐咖啡廳空等、在宿舍前站崗，都不至於掉頭就走，即使心中充滿了怒火，也會先幫對方編造一些理由作合理解釋，如此一來，當然不會使約會時間縮減，也不會減少約會次數，當然啦！到這個程度時，金錢的花費必定會增加，甚至於超過其中一方所能負荷的程度，而此時也不太會、甚而不會減損友誼的程度，於是需求的價格彈性就變得很小了，到了熱戀時，恐怕價格需求彈性不但降爲零，甚至會轉而成爲正向關係。此時，也就是愛情轉爲親情的時候了，因爲已到結婚的關頭，之後，需求的價格

彈性是有可能再升高的，這要看婚姻的幸福程度而定，而有朝一日，當彈性升高到某一程度之後，也就是離婚的日子來到了。

有人或會批評這種解釋友誼的經濟分析，對於事情並沒有實質的幫助，但是，如果我們每個人都有此觀念，會利用這種分析工具，便比較可以設法努力使彈性維持在某個水準，或者是察覺到彈性到達某個數值時意識到友誼的程度，自己也便於因應以免措手不及。當然，個人的幸福也就得以增進了。

14 現代婚姻經濟學

當二十世紀來臨時，西方社會的離婚現象才普遍出現；多年來，台灣的離婚率也呈現上升的趨勢。往好處想，是趕上先進國家的一項證據，但卻有不少人感歎「世風日下」，也有許多人擔心「文化沉淪」。不過，儘管在「此風不可長」的輿論壓力下，儘管在離婚法的限制下，離婚事件仍然在增加。原因何在?本章仍借用一九九二年諾貝爾經濟學獎得主貝克（G. S. Becker）教授的解釋加以闡述。

婚姻關係的經濟分析證實了「物以類聚」這句古諺

要尋找離婚的原因，首先應該了解「結婚」的動機。結婚動機的消失，也就是離婚的答案。我們知道，結婚是屬於一種「選擇行爲」。這種選擇行爲有兩個基本原則：(1)出於雙方當事人的「自願」；(2)當事人在婚姻市場上以「競爭」方式擇偶。在第一個原則下，可以利用效用理論來分析，也就是說，兩人共同生活所帶給個人的滿足程度，高於單身生活。第二個原則是說，每個人以其具備的條件，如財富、健康情況、年齡、教育程度、相貌以及其他各種屬性，到婚姻市場上擇偶。這樣的情況，與商品市場上買賣雙方的交易過程甚爲相似，都是在限制條件下求取滿足的極大，當然也可以利用經濟分析工具來理解。

結婚當事人之所以認爲結婚的利益高於單身，一爲預算限制放鬆了，也即結婚後兩個人得以分工合作，專業化的程度更高，生產力也因而提升。另一種原因是精神上的滿足提高了。而且，如第十一章中所言，在一個工業經濟社會中，小孩可以視爲一種耐久性消費財，帶給父母滿足，而結婚正是生育小孩的最佳途徑。

其實，我們也可以利用廠商理論來解釋結婚的行爲。蓋廠商的形成，乃合夥者爲了節省交易成本以達到分工的效果。婚姻當事人以一張長期的契約書，維繫著雙方的長期關係，彼此不必爲家常生活事事諮商，也不需有何監督，既免去了交易成本，也不會有被剝奪的憂慮。換句話說，家庭就像古典廠商一樣，股東之間彼此合作無間，而且，由於家庭這種「廠商」規模較小，加上彼此擁有極爲親密的關係，組織成本也低於一般的廠商；也就是說，婚姻雙方都各將對方的滿足納入自己的滿足中，彼此都感到安全提高，家庭也就成爲人生的「避風港」了。

婚姻關係的經濟分析，證實了「物以類聚」這句古諺。因爲，雙方的特質相近，不確定性遞減，而且也提升了家庭的生產力。由統計數據顯示，夫妻之間的聰明才智、教育、年齡、信仰、本籍、種族，乃至於體能情況，都有極爲密切的正向關係。

轉換成本降低或消失，提高了離婚率

如果一切情況不變，或者是變化的速度不快，則婚姻的正常情況之持續是理所當然的。但二十世紀以來，一切都在快速變動中，維繫婚姻重要因素之一的專業分工已經逐漸消失，以往「男主外，女主內」的家規，已經失去作用。以前，由於女性的工資遠低於男性，已婚婦女外出工作者遠少於未婚婦女，又因丈夫的時間和妻子的時間有著互補關係，已婚婦女也就較爲專於家庭活動，這樣的專業化，使得家庭的生產達到極大。現在，愈來愈多職業婦女的工資大爲提高，促使男女工資的差異日漸縮小，進而使婚姻的「利得」也相對減低，離婚的成本也下降。再者，現代化的家庭設備也使家務工作的時間縮短，致愈來愈多的婦女走進勞動市場，不但使已婚男性和女性都有了更多的比較對象，而且因爲出外工作都會刻意打扮，在家則相對地隨意，因而在與別人相互比較下，就會有些人後悔當初擇偶錯誤，而演變至夫妻間同床異夢，終於發生婚變。婚變的事件愈見普遍，社會上也就不再視爲異端，亦即，意圖離婚的人所感受的社會壓力減輕了，乃至完全消除，此種轉換成本的下跌或消失，也促進離婚率的增長。

此外，如上文所提，小孩可以帶給父母滿足，但在養育小孩的成本隨父母親的時間成本一同升高的情況下，比起社會上日益繁多的其他商品來，小孩給予父母的效用（滿足感）已不斷的相對降低，因而，組織家庭以生產小孩的神聖目的也逐漸失去其重要性；而且，離婚後小孩歸屬問題所引發的內疚也因而日見減弱。此外，以往的已婚女性謀生能力較弱，離婚行爲不免使男性產生惻隱之心，所以男性寧可在外藏嬌也不至於拋棄糟糠之妻，而其妻子也較能容忍其夫的拈花惹草而不提離婚要求。但在女強人增多的現代社會，這種現象也不容易發生；況且，隨著經濟成長，所得提高結果，離婚的損失比起利益來，不但愈來愈小，而且利益漸漸超越損失。因此，離婚的機率日漸提升。

由以上經濟分析的結果，我們得知，離婚的成本愈來愈低，婚姻的穩定性愈來愈不可靠，離婚率的爬升似乎是勢之所趨。儘管我們不忍心此種現象的蔓延，但是，恐怕並非任何社會經濟政策所能阻止的。今後的問題，或許是在家庭組織的方式如何調整。一方面不強制怨偶們痛苦地生活在一起，一方面也顧到子女與父母間的親情不因父母的分離而無辜受到傷害。最重要的，還是倫理道德的回升，尤其是失落的「家庭倫理」，更有必要早日尋回。

15 山難的成本

一九八七年底，國立陽明醫學院十三位師生結件登宜蘭太平山。由於颱風來襲，受困於山上，經過五天四夜才很幸運的在飽受風雨威脅、飢寒交迫下脫險。在慶幸之餘，對於是否應該冷靜的檢討此類事件爲何一再重演，也引起重視。

在該事件發生後，雖然也引來一些討論，但大都在如何強化山難搜救資訊與作業系統，以及如何管制危險地區和主張由專業社團帶領等等治標的辦法上著手，並未見有人從根本談起，亦即，未從登山者個人行爲的選擇來分析。就我來看，這要靠行爲者個人產生自覺而自行約束自己，否則同樣的故事將會一再重演。

由人的選擇切入分析，大體而言，每一個人都在追求自己慾望的滿足，以使「效用」達到極大。而滿足慾望不只來自消費有形的物品，無形的旅遊、訪友，以及登山等等也都可以達到滿足的目的。我們知道，每一個人天生的性格不同，所用以達到滿足的手段也互有差異。就危險程度的愛好而言，彼此有別，有的人喜愛冒險度高的活動，如飆車、賽車、飛車特技、走鋼索等，有的人卻視此類活動如畏途。

在一個自由的社會裏，人人有自由選擇嗜好的權利，但是，這裏牽涉到一個重要的問題，此即「外部效果」的存在，也就是說，你、我、他的某些行爲，不但會影響行爲者本身，而且會波及他人[1]。如果是有利的影響，當然是多多益善，若會損及旁人，則問題就來了，而登山以致發生山難，就是屬於後者的行爲。

對於登山者本身，登山行爲可以鍛鍊體魄、可以調劑身心、可以產生征服慾、可以吸收新鮮空氣……，這些好處都能增進個人的滿足，這種滿足是旁人無法分享的，只能及於行爲者本人。在沒發生事故時，行爲者並不會妨礙到別人，但在災難來到時，損人的外部效果就出現了。

首先，登山者的父母及家屬們一定會焦慮不安，不只內心的煎熬有害身心，而且尚使他們無心工作，對社會的生產不利。如果登山者是學校的學生，就會累及學校的有關人員。這些都還算是小事，最重要的是，會產生龐大的搜救成本。就以該次的山難爲例，根據報導，至少動員了空中警隊的三架直升機，而且不知飛行了多少旅程，警方和林務局更動員了數百人，在惡劣的天候下，翻山越嶺，甚至驚動了事務繁忙的宜蘭縣長。這些有形的成本和可能估計出的無形成本，到底由誰來負擔？由於動員的人力和物力都屬於公家機關，因此，根據合理推斷，是由全體納稅人來擔負的。由大家出錢來爲少數人的行爲善後，在「公平性」上是說不過去的；而且，如果不是山難事件發生，這些被用掉的資源是不是可供他種更有效率的用途？因此，在「效率」的觀點言，也是有害的。當然，在該次事件中，也有其他的受益者。譬如，電視台和報紙等新聞媒體就有可供報導的刺激事件，因而可以提升收視率；另外，平時不易亮相的原住民青年搜救隊，也有上電視的機會。不過，比起事件發生所產生的成本，這些只及於部分人的好處，也是微不足道的。

仔細估算成本效益

經由這樣的分析，事情就很明顯了，發生山難所產生的成本「應」由登山者支付，這也是另一種方式的「受益者付費」觀念。如果我們目前已經施行這種作法固然好，若尚未實施，就應妥爲規畫實施之道。這樣的做法，除了事件之後所產生的額外成本有合理的支付者外，尚能產生事前警惕的防範效果，山難事件發生的機率和次數也得以減低，其中道理需再說明。

我們知道，一個人去做某件事，不管是有意或無意，總會先盤算該事件的得失，在「自願」去做的情況下，事前的預期答案當是「得大於失」。對於登山者而言，若山難的搜救不需支付成本，自然不會有此項成本在其預算式中。於是，一方面，去登山的機率會被高估，另方面也會疏忽掉應該更勉力的防止山難的準備工作，因爲，反正事件發生後總會有人設法加以救援。

如果山難當事人需付成本，則山難的救助者可以回收成本，甚至有利可得，於是山難救助就可能發展成爲一項新興的行業，到時，搜救工作將不再是警方的獨門賠本生意了。就這一點而言，由於台灣的快速經濟成長，對於登山的需求將會提高，這門生意是有厚望的。而且，由於搜救成本昂貴，登山者會在事前盤算：與其事後支付昂貴的成本，不如在事前多花心力作準備工作。於是，天候情報的蒐集、登山知識的吸收、各座山特性的了解等等有關的登山資訊都會增加需求。如此一來，不但山難事件的發生次數不會增加，甚或可能減少，而且，各色各樣的登山資訊，以及傳授登山技能的訓練也可能相繼出現，對於就業創造、經濟成長的提升，以及國民福祉的增進都會有所助益。

因此，對於山難成本的收取，不但會降低事前盲目登山的可能，而且有助於降低山難事件的發生。此外，不公平負擔也可免除，並且尚能創造新興行業、提升人民的生活素質。如此「一舉數得」的辦法，是不是應該儘速施行呢？

此處，我們要強調的是，提出收取山難成本的主張，並非就是反對登山，或者限制登山，而是希望藉著「應付成本」的收取，使登山者更深思熟慮，免掉意外事件的發生，而使登山者「自願」且「主動」的收斂自己的輕忽行爲。這與人爲的「管制」或「立法限制」，其間的差別何只以道里計！畢竟，「冒險是有成本存在的」，這個觀念的共識實在是有待建立。

註釋

1 外部效果或外部性，二十二章將有詳盡討論。

16 排隊經濟學

在一九九五年冬天，我和幾位臭味相投、志同道合的同事，常步行至離研究所不遠的工業技術學院（今日臺科大）餐廳用午餐，一來難得一天中有段散步的短時光，對已漸老化的身體有些益處，二來冬天的暖陽灑在身上，十分舒暢，三來可以享受自由點菜的樂趣，四來飯菜費也的確相對較低廉，菜色的品質也不差。

或許學生人數眾多，或許該餐廳經營有利，吸引附近上班的人潮，即使我們刻意避開學生正好下課的時間去用餐，也大概每次都得排隊。可能由於期末考時節，一月中我們特別需要排較長的隊伍，一位同事望著長長的隊伍不禁提出「爲何不多加一位算錢的員工？」之疑問，因爲經過幾天的觀察，發現隊伍就是堵在算帳的關卡，依我觀察國內超級市場的情形，碰到這種情況，便會立即加一個或數個算帳窗口。我不假思索的回答：「可能成本高！」畢竟多一位人工所費不貲，況且算帳這檔事，老闆不放心假手他人。

排隊點餐 vs. 排隊找位子

我們點好菜，付完帳，找位子用餐時，發現許多座位上已放置有學生的用品，當然爲的是先佔位。這種現象也表示，相對於用餐人數，桌椅還是「有限的」，爲免向隅，自然得及早搶位了。

於是，我的這位同事若有所悟的提出這樣的假說：餐廳老闆之所以不添加一位算帳的人手，主要是不使點完菜、算好帳、準備找位子的人潮增加太快，否則端著菜盤等位子的人潮將會相對增多。這樣子的說法換個角度就是：餐廳老闆在排隊點菜的人潮和排隊用餐座位兩者之間作抉擇，是讓隊伍留在點菜行列，或者讓隊伍找尋位子坐。

對於餐廳老闆而言，他選擇了讓隊伍待在點菜的長龍，盡量不使人潮等位子。由於餐廳生意興隆的事實來看，老闆的抉擇是對的。爲何此種選擇較佳？以經濟學理解析可以得到合適的答案。

精算排隊成本卻又不流失顧客

在經濟學裡，將人看作有肉、有血、有靈魂、會思考的動物，任何行爲都是追求最大益處，而付出的代價總是求其最小。以排隊用餐者言，除了支付飯、菜錢的有形成本外，排隊也是有成本的。由於這家餐廳並非「獨占」，至少在學校裡就有競爭對手，而且有一家還只在上一層樓而已，由此可知，即使這家餐廳的飯菜相對地價廉物美，但在客人蜂擁而來必須支付排隊成本時，若排隊的成本大到抵銷飯菜價廉物美的好處，顧客是會到別家用餐的。所謂的排隊成本，也可分爲兩類：一爲排隊時間可以用來做其他可做金錢報酬的事，譬如寫稿者可將排隊時間省下來賺稿費；另一類是排隊時所產生的不愉快或不舒服，這是心理成本。不論是哪類成本都是因人而異，因爲都是當事者「個人」以「主觀」來設算的。

回到這家學校餐廳的例子，那些意願到此排隊的顧客，對於在點菜時和等座位時的「排隊成本」，就每一個人而言，會是不同的。雖然每個人的排隊成本不會相同，但在比較這兩種排隊成本時，其偏好的「次序」卻完全一致，至少會有絕大多數人較偏好其中一種。那麼，這兩種排隊成本何種較高？點菜時飢腸轆轆，看到美味可口的菜，是有滿足感的，因而排隊這件事相對就不會那麼痛苦，何況此時所拿的還只是空紙盤或兩手空空呢！等到點好菜、結完帳，盤中的食物就是自己的，誰不希望馬上就能享用它們？此時要你（妳）兩眼望著美食，口水直往肚裡吞，這種等待的滋味已經不好受了，再加上還需張眼找位子坐，而且手裡拿著的已是有重量的菜，這樣成本會不高嗎？因此，如果非排隊不可，點菜的成本是遠低於等位子的排隊成本的。

我不知餐廳老闆是否唸過經濟學，但其抉擇卻正符合經濟學理，無怪乎其生意興隆。畢竟合乎經濟法則的經營，才有大利可圖，也才有較強勁的競爭力呀！

17 「放生」的經濟學觀—到地獄之路往往是好意所鋪成的

二〇一四年一月二十五日，台灣最大放生團體上千人在高雄旗津海岸公園舉辦「放生」活動，掀起保護生態爭議。究竟「放生」是保護或戕害生命？

二〇〇四年十一月二日，台灣動物社會研究會、高雄市教師會生態教育中心，以及臺北市野鳥學會，共同公布「台灣宗教團體放生現象調查」，指出台灣北、中、南三地，有近六成鳥店業者是佛教寺廟或團體商業化放生，以及境內和境外的外來動物危害生態環境的共犯結構。

該項調查也發現，各種放生鳥的價格，要價不菲。中國畫眉一隻要價一千五百元，雲雀則每隻一千至六千元不等，而人工繁殖的帝雉更是一對高達七千元。

放生者、抓鳥人與鳥店互利共生

台灣動物社會研究會又指出，「放生者」、「抓鳥人」和「鳥店」已經形成「互利共生」的食物鏈或營利結構。研究會發現這三者的「循環模式」是：放生團體先有需求（訂貨），而後再由供給者「送貨」。供給者包括上中下游四類，先是捕捉者捕捉野鳥，之後送到大盤商收集處，再分送中盤商（大型鳥店），接著再送至零售商（小型鳥店），而後再賣給放生者。不過，放生者到野外放生的鳥又被捕捉者捕捉，再循大中小通路再賣給放生者，就這樣一遍遍的循環著。必須注意的是，在此種循環放生過程中，無數的鳥遭受死傷下場。

保育團體指控變質爲「營利」事業

就此種放生行爲，保育團體強調「集團化、商業化、大量化」的放生行爲，已明顯違反佛教「慈悲護生」的本懷，也顯示早已變質爲「營利」事業。他們也認爲，當宗教組織或主事法師不斷以「慈悲護生」爲名鼓吹信眾捐款，而後大量訂購各種動物放生時，背後已形成「供需併聯」的龐大「商機」，根本是造孽。保育團體於是呼籲，政府各部會應介入規範，疾呼召開「如何修改動物保護法及野生動物保育法以規範放生行為」公聽會，在聽取各方意見後明訂管理法令遏止或管制不當放生行為。

被點名從事不當放生行為的協會指出，他們是從市場購買即將面臨被殺命運的動物來放生，而放生之前都會經過仔細勘查評估，不會造成外來物種入侵，導致本土生物難以生存的問題。該協會又表示，他們放生的生物大多以魚類為主，鳥類占極少數，也不會故意到鳥店買人家抓來的鳥類來放生。

儘管公說公有理、婆說婆有理，外人實在難分誰是誰非。不過，研究的結果是「放生行為」已經導致本土種鳥類逐漸消失，進口放生鳥除對生態造成衝擊外，來自禽流感疫區的鳥類，更可能造成傳染病的傳播。最可議的是，就放生鳥來說，在捕捉、裝箱、運送過程中，鳥的死傷不計其數，據估計每次抓到的數量大約死掉一半以上，而「放生一隻鳥，得死十幾隻」就是調查研究的結論。

單就此結論，我們就應質疑：放生的目的在救護動物免於被殺，如今卻適得其反，落得「非但被暫時免於做刀下亡魂的動物終究還是死於非命，而且還拉更多的動物陪葬」，不是明顯的「事與願違」嗎？這也是非常典型的「愛之適足以害之」，或者是西諺所謂的「到地獄之路往往是好意所鋪成的」事例。以簡單的經濟學供需原理就可以得到清晰的理解。

可藉助經濟原理解析

如上文所引述的，「放生行爲」形成對動物的需求，放生者愈多需求也愈大，當供給相對小於需求時，在「奇貨可居」下，起先每隻動物的價格就會拉高，當價格高到大於生產成本時，供給者就會增加，每位供給者所提供的數量也會提升，甚至於演變成「人工養殖」以及由國外進口的「大量供給」。如果「放生動機」愈來愈強，不但原本放生者每人的放生動物量會大增，新加入的放生者也會源源相繼而來，於是對「放生動物」的需求又會大量提升，進而再使價格上漲，而後又誘使供給大增，如此反覆循環不已，其結果，「動物死亡量」急速增加、環境生態也被加速破壞。不需要借助經濟原理的解析，如今這種後果早已赤裸裸出現在台灣社會，我們不免好奇：難道放生者不知這種護生反致殺生的不幸後果嗎？如果知道，爲何放生者還前仆後繼呢？

如果是「放生者無知」，當然應趁此媒體已經關注此課題的機會，加大力度宣傳這種「放生卻造成殺生」既矛盾又不幸的事實，讓放生者自動打退堂鼓，或改以其他有效方式來護生。如果放生者已然知道此後果，卻還一直堅持從事放生行爲，我們更應該進一步探究其因由。

據了解，放生是一種傳統宗教習俗，由來已久，而放生團體也往往強調，爲了維持生態平衡並兼顧宗教放生的意義，在放生活動前都會先請教專家，以「環保放生」取得平衡。既然如此，一定是有信眾並不遵循專家指示，或者專家提供的方式並不合用。無論是那一種都應加以改正，不過，或許正如保育團體指出的，在「龐大商機」下，有些團體不重修行，專司放生，還告訴信眾：動物死亡是其業障，即便放生途中死去也能獲得超渡，並不折損放生的功德。

以法令禁止是緣木求魚

對於這種謬說，玄奘大學副教授釋昭慧駁斥說，這根本就是「愚民」的說法，刻意放生如同花錢消災，扭曲了出自慈悲、隨緣救生的佛教護生精神，也招來更多生命的苦難。其實，放生者若真以維護其他動物生命爲念，而非以「積功德」的「自利」觀念從事放生行爲，就不至於產生當今的不幸局面。因此，讓所有善男信女都具有「利他」理念，拋卻「自私自利」觀念才能杜絕今日放生行爲的不幸後果，欲以「法令」禁止，恐怕是緣木求魚，反而引發宗教界反彈而增添社會紛擾！

18 漢堡的供需法則

記得一九八七年春節前的那一段日子，有些婦女同胞冒著凜冽的寒風，舉著標語，穿著標語衣，在美式速食店剛開放進口的麥當勞的門前，勸導漢堡消費同胞忍耐一時不消費，欲使這些商家早日降價。筆者對於這些女同胞的此種犧牲精神，在感情上甚為感動，不過，對於此種「街頭運動」的抗議作法，理智上卻不能認同。

自由選擇的權利

一個自由的社會，每一個人都有自由選擇的權利，在主客觀條件許可下，選取各種物品的組合來求其極大的滿足。別人當然也可以利用各種方式「誘使」他改變行為，譬如，商人可用廣告、降價等方法；其他消費者也可列舉各種理由勸說自己的親朋好友改變選擇。

但是，在公共場合造成一種聲勢，予人脅迫或不安之感，硬逼別人改變行為，這顯然屬於一項妨害別人自由的行爲，而且也妨礙商店的營業，這兩種效果都可視爲對別人權利的侵害。至於那些受害的人（願意在現價下吃漢堡的人以及那些店主）儘管人數不少，但因每個人所感受的程度有別，申訴管道缺乏，或因結合起來「反抗議」的成本太高，大家就都隱忍下來。試問關心人群福利的朋友們，難道就只接受那些認爲漢堡價格過高者的想法和做法，竟無視那些受到干擾的同胞之「反受侵害」的權利嗎？何況，此風既長，今後是否某個團體認爲某些商家的價錢訂的「不合理」，就都可以利用這種方式來抗議？這樣的街頭運動是否值得加以宣揚？是否爲優良的示範教育？

其次，許多人都一口咬定，美式速食業者獲有「暴利」，因爲售價高於成本若干倍，與他國售價相較也屬偏高；何況，其中好多國家的所得都是我們的倍數。職是之故，他們認爲，業者壓榨消費者賺取了「不合理」的利潤，因而要求業者將成本結構攤在陽光之下，讓某些機構或是某些人加以檢定，俾業者反映成本，將利益分享消費者。這種要求似乎得到某些傳播媒體和國人的認同，這一謬見，實有澄清的必要。

供需決定產品價格

我們知道，生意人做生意，其目的當然爲了賺錢，他們不是慈善機構，他們也不是政府的服務機關，他們憑著本錢和自身具備的能力，生產東西、銷售商品，或是出售服務來賺取所得；效率高、經營得法者即獲取高利。只要他們經營合法、誠實納稅，利潤多寡，他人無權過問。在一個法治的自由社會裏，商品的價格係取決於供需情況的變動。供需雙方各有其複雜的決策過程，除了當事人外，任何其他的人無法明瞭。供給者當然希望價格愈高愈好，他們也盼望賺更多的錢；不過，價格愈高就愈賣不出去。反之，需要者自然希望價格愈低愈好，最好是免費；但是，價格愈低，東西的供應就會愈少。因此，供需雙方基於彼此的希望，在市場上互動，最後決定了雙方都可接受的水準，這就是「市價」，根本不是甚麼所謂的「合理」價格。

這些消費者，若得知其他地方可以買到較爲低廉的同樣商品，或找到更爲合意的替代品，他自然會減少對該種商品的需要量，生產者在其他情況不變下，發現需要量減少，爲了維持同等的銷售量，自然會降低價格。這些變化錯綜複雜，很難加以做武斷且簡略的分析，價格問題似淺實深，甚難解釋清楚。但是，可以確定的是，不能僅憑可以見到的成本就來決定價格應該是如何訂才算「合理」。這個道理可以用簡單的例子加以說明，台灣社會有許多祖傳秘方，相信其製造成本（有形的）不至於高過其他的相似產品，但其價格卻訂得比別人高，原因無他，購買者喜歡其「獨特」而已，或者就是外人不知所謂的「秘方」，現在術語來說，亦即「商譽」是也。它的價格怎麼去衡量？相信不是某一個特定機構可以客觀決定的，終究還是需要依靠市場來解決問題。

競爭的正面效果

物價無所謂「合理」或「不合理」，利潤的合不合理也是說不通的，同樣的商品，若在不同的場合，由於主客觀條件的改變，我們實在沒有理由再將它們視爲相同的東西。同樣的道理，美國的麥當勞、日本的麥當勞、香港的麥當勞，以及台灣的麥當勞，即使它們的製造成本、製造過程以及其他一切與成品的製造有關的條件都完全相同，由於處在不同的地方，面對不同的需要情況，至少在消費者的心目中，它們都是不一樣的東西。若沒有將各種關鍵因素全部納入考慮，就驟然加以比較其價格的合理與否，實在是一種荒謬的作法。

換個角度想想，如果速食業者屈服於該次的街頭抗議而減價，但不降低其品質和服務水準，則買者就會激增，激增後將要支付排隊成本。如果業者降低品質和服務水準，消費者則又吃虧，無論是何種結果，消費者得不到好處。即使經由這些行動，因而逼得這些業者關門，此風也不可長，因爲這是一種「反淘汰」的做法。蓋速食業者的競爭，對社會所引起的正面示範效果，是我們所應珍視的。他們賺錢，乃至賺大錢，是應該的。靜心想想，社會上其他賺大錢的行業是不是比比皆是？他們是否都充分反映成本？是否在賺取所謂「合理」利潤？是否都將價格訂得合乎某些機構所認定的標準？如果世間眞有萬能的消費者守護神的話，是不是要對每一個賺大錢的業者採取抗議手段呢？

消費者運動應自我覺醒

自由經濟社會的可貴在於物價是由市場的供需力量所決定的！爲保護消費者不受高價的剝削，便利更多的競爭者投入賺大錢的生意，我們應從事的是反「人爲獨占」運動；捨正道而弗由，不僅不能達到目的，且會引起許多惡果。

我們樂見消費者意識的覺醒，也樂見消費者運動的蓬勃，但我們也擔心，它會因躊躇滿志而忘了警覺，忘了應該扮演的角色，因而引導民眾走向錯誤之路。一直以來，這種跡象愈見顯露，「它」想扮演經濟警察的原意已不自覺的表現了出來，這是個很壞的趨勢，我們希望「它」趕緊回過頭來，停止這樣的發展。

19 打破「市場失靈」的迷思

「市場失靈」（market failure）不只在經濟學教本裏出現，如今已是一般民眾耳熟能詳的一個名詞。甚至於不只是一個名詞而已，動不動就被引用作爲打擊市場、歌頌政府干預的「利器」，讓政府名正言順、理直氣壯地以「有形之手」盡情地調節市場，美其名是「彌補市場失靈」。可是，這個被視爲理所當然的共識，眞的正確嗎？

翻開經濟學教科書，所謂的「市場失靈」，標準的定義是「市場機能在充分發揮下，不能如所預期地圓滿達成經濟效率之現象。」其中的重點是「經濟效率」、「市場機能」、「充分」、「圓滿」這些名詞，後兩者比較抽象，難再進一步解說，大家只能意會。而市場機能指的是「價格運作」由市場供需雙方自由引導，至於經濟效率雖然指標不少，但「社會福利」極大或 Pareto 效率境界則最通用。

供需簡圖只是一種理想情境

在這些定義下，如果使用簡單的經濟學教科書中所表示的，就是有如剪刀的兩片張開所構成的「供需線」之交點，乃表示經濟效率最大點。所以，如果市場自由運作、價格靈活變動，且能讓這個交點（或均衡點）穩定達到，市場就沒有失靈了。可是，雖然隨手一畫供需線很簡單，供給和需求也很順口地說出，但要得到這兩條有交點的供需線圖，其實非常不容易的，它們有其內涵在。

在本書第五章中，已將供需簡圖推導出來。簡單地說，需求線是由消費者行爲得出的，代表每一位消費者在從事消費時，都將每一塊錢用在刀口上，因而由左上方往右下方傾斜的需求線，代表的是消費者將擁有的資源作最有效率的使用，線上之外的任何點都比線上的點效率低，如此，需求線的涵義也就是消費者的福利最大。同樣地，供給線是由物品供應者行爲導出的，也是供給者將其擁有的資源作最有效率地使用，同樣也是供給者的福利最大境界。一個市場裏需求者和供給者之加總，表示市場內所有人，若供給者和需求者都各自達到福利最大，也就是社會福利最大了。所以，供需線的交點代表的就是社會福利最大，或者是經濟效率最高。

「經濟神學」不是眞實

凡是學過基本經濟學的人應該都知道，需求線的推導沒多大問題，但供給線就必須假設「完全競爭市場」才可以漂亮地導出，可是完全合乎該市場所要求的條件之市場，「凡間」是不可能找到的。那麼，換句話說，供給線就是純理論的象牙塔裏之產物了，由此一端即可得知經濟學裏的常用供需圖只是分析工具而已，是屬於理念性的東西，實際社會是找不到的。如果再將眞實人生裏的消費者也很難都停留在需求線之上，就更可得知「社會福利最大點」，或一般通用的供需圖均衡點只是寇斯（R. H. Coase，1910~2013，一九九一年諾貝爾經濟學獎得主）所一再稱呼的「黑板經濟學」，亦即，這些只能在黑板上演練，充其量只提供概念性解析、訓練學習者的邏輯推理能力，不能夠全盤搬到現實世界來直接引用的，是可以稱爲「經濟神學」。

這個淺顯的道理大多數人都懂，但人卻往往不知不覺地違背，尤其最糟糕的是通常忘記「市場」是無數活生生、會思考的「行爲人」活動之場所，不可能如機器般地任意擺弄、停格。光由這個顯而易見的特色，就很清楚地得知大家愛說的「市場失靈」根本就是人間常態，可說無時無刻都存在的，根本不能藉由這個名詞來指稱市場機能功效差，而由之導出政府可以靈巧地算出失靈程度並予以彌補，更是無稽的「天方夜譚」了！

20 政府型獨占，利民？害民？

一九九九年七月二十九日和三十日，台灣民眾經歷一場「大停電」夢魘，不幸的是正值盛暑，熱醒了無數人的好夢，一時之間各個公園竟然「睏客盈庭」。不過，在全台一片黑暗中，中部靠海一角卻顯露光明，那是位於雲林麥寮的台塑六輕廠。這幅景象所反應的對比是：依賴台電的台灣廣大民眾飽受折磨，自行「汽電共生」的民間企業得以倖免。這個事件的重大啓示之一是：將雞蛋全部置於一個大籃裡，尤其是公家做的籃子，實在十分不可靠。

當然，我們可以引伸至：一旦依賴「絕對大比例」的核電，人民生活的風險恐怕會提高。另一個意涵則是：將電力開放，允許民間參與經營，是一條正確的大道。所以，這一場大停電，應能讓台灣民眾增加對「電業自由化」政策的支持，進一步還能形成逼迫加快腳步的輿論。而此一端也突顯出，「獨占」不但會降低效率，更對民眾福祉不利。

獨占遠離社會福利最大點

在典型的經濟學教本裡，都將獨占廠商列爲一項分析重點，經由簡單的圖形，即可容易得知獨占的後果是「價格偏高，數量偏低」，獨占力愈大愈嚴重。如此，獨占市場的均衡點就遠離「社會福利最大點」，當然是人類所要避免的現象。這樣子的後果也就是大家耳熟能詳的「市場失靈」，不過，以往的教本裡所強調的是「自然獨占」。

顧名思義，自然獨占就是「很自然地」就居於獨占地位，最典型的說法是「規模甚大、固定成本非常高」，程度達到現實生產點都還處於平均成本遞減階段，因而產量再提升，平均成本卻下跌。如此一來，若放任讓「市場機能」自由運作，「只此一家、別無分號」就是最佳寫照，此時的最大利潤產量乃遠離社會福利最大點。爲了促進人民福利，校正這類的市場失靈，「政府出馬」就是標準答案，可用的標準方法爲「政府經營」和「民間經營、政府定價」。

政府操縱的人爲獨占才是問題所在

無論哪一種方式，都是想藉政府這隻「有形之手」，把生產點搬到社會福利最大點，起碼也要靠近它，於是「邊際成本定價」和「平均成本定價」就被作爲政策。

這樣的理念利用黑板將圖一畫，非常容易讓人懂。可是，很遺憾的是，「黑板經濟學」搬到實際人生來應用就走調了，因爲人是活生生的，其經營成本根本不能作「客觀」的評估，在政府管制下，要嘛效率差（公營的極自然狀況，而反面看就是成本增加），要嘛高報成本（民營而政府管價）或官商勾結形成「尋租」行爲。不論是哪種狀況，都可能更爲遠離社會福利最大點。如果放任市場自由運作，由「民間自然獨占」，表面上不可能有競爭者，但若利潤豐厚，令人眼紅，怎可能沒有想盡辦法來取代其獨占地位的「潛在競爭者」呢？爲了防止別人的覬覦，「自然獨占者」會追求有效率經營，但價格不會訂在獨占利潤最高水準上。換句話說，比獨占點「價低量多」是其經營方式，有可能更接近社會福利最大點。就因爲這個道理，自然獨占市場失靈理論在教科書裡乃逐漸引退。

「自然獨占」難以長存

不過，台電的公營且獨占，其理論根據卻可能是自然獨占市場失靈論。除了上述理論分析已將之粉碎之外，由該次的大停電，台塑六輕能自行供電，更赤裸裸否定有「自然獨占」這回事了。如此，我們或可下結論說：所有的獨占應該都是法令賦予的「人爲獨占」，其必須打破也再明顯不過了！

21 看穿資訊不對稱的經濟陷阱

台灣在一九九九年八月三日正式實施公布已達半年之久的〈健康食品管理法〉。據衛生署（現今的衛福部）官員表示，凡是產品有「調節免疫力」、「改善骨質疏鬆症」、「調節血脂」、「調整腸胃」，以及「保健牙齒」等功效的產品，必須向衛生署申請健康食品許可證，否則可處三年以下有期徒刑，得併科一百萬元以下罰金。而且，買到「不合法」的健康食品，可要求業者退錢。

甫一實施，官民鬥法即出現，消費者和業者的糾紛層出不窮，衛生署、公平會等政府機關更忙碌，有關的民代和學者也更活躍。其中，我們更需注意根本的課題：民眾從此眞的能夠更健康嗎？

資訊不對稱是人間常態

很明顯地，這是典型的欲以「政府干預」方式達到理想目標，理由何在？「資訊不對稱」是最標準答案，指的當然是生產者或業者擁有較充分資訊，但消費者幾乎全然無知，於是前者往往以「誇大」、甚至「欺騙」手段欺負消費者。居於弱勢的消費者像是待宰羔羊，只有束手就宰的份，由近幾年時常發生的「個案」，經由媒體批露之後的確讓我們融入這種氣氛當中。所以，由「爲人民謀福祉」的政府出面，將資訊不對稱「校正」，消費者也就不至於受到傷害，而居心不良的生產者和銷售者也受到制裁。

這種聽起來非常有道理的做法，也是經濟學裡標準的「校正市場失靈」方式之一，庇古（A. C. Pigou）在其一九二〇年的名著《福利經濟學》裡早就提了出來。這種資訊不對稱，用白話來說就是某一方「無知」、「無能」，在庇古書中，有三個有名的例子，一是工人無法適當評估其工作環境的傷害率和危險性，因而往往未能得到足夠的報酬；二是個人沒有能力選擇醫生、律師、藥劑師等等；三是個人沒有能力選擇銀行和保險公司。因此，必須由政府出面來訂定勞動基準法、建立職業證照以求得最低能力水準保障，以及嚴格管制銀行和保險公司之設立。

人爲強制力難以彌補資訊不對稱

就一九二〇年代這三類資訊不對稱事例言，在科技日新月異的二十世紀末，眞可說是不勝枚舉，或者可以說「專門性、技術性程度愈高」者就會被列在內，特別是

「對人體會造成傷害」的更會在行列中。準此，有可能以「人為強制」力量來抹平資訊不對稱、彌補個人的無知黑洞嗎？

不可否認的，利用法令遏止、懲罰來促進人體健康，這種理想相信沒人反對，但如果反而走入「愛之適足以害之」，或「到地獄之路往往是好意所鋪成的」適得其反不幸局面，就值得人們作進一層的省思。其中的關鍵因素是：政府及其所信賴的一小群專家，也都是「凡人」，他們不可能具備洞察一切新舊產品對人體是好是壞的「超高」能力，除了物品的組合千奇百怪外，任何一個人都有其「主觀」價值判斷和感覺，而且每個人的體質也都不同，實在難以標準化，即使只限於「最低標準」，也是不可得。

寧可錯殺一百不可放過一個

最最棘手的是，負管制責任的官員，為了免於「萬一」通過一項不良品所引發的後果，「寧可錯殺一百也不可放過一個」的心態是可理解的。如此，好東西的出現速度必定減緩，但地下不良品（往往以廉價面目出現）卻源源而出，那麼，人民的健康不是會「不進反退」嗎？根本之道還在引導人心，讓每個人都由衷放掉「害人之心」！

二〇一三和二〇一四年台灣的「食安」事件正是赤裸裸的反映也！

22 「太香」不是香

「食物太香」被罰款的事例在台灣早已不算是新聞，三不五時就會出現。順手舉些實例：二〇一〇年四月十三日新聞報導，台中有一家便當店，因爲炸排骨的油煙異味污染濃度超過3倍，被環保局開了10萬元的罰單，業者不服，認爲是檢測過程有瑕疵，提起行政訴訟，還說大部分的消費者都是聞香下馬才來消費，但還是敗訴。二〇〇七年十一月十六日電視新聞報導，高雄市一間墨西哥餐廳，因爲料理「太香」、「香過頭」，以致排放出來的空氣薰的整棟大樓住戶暈頭轉向，於是連署抗議，經環保局採樣，證實造成空氣污染，罰了十萬元。二〇一〇年九月上旬，中南部的一家麵包店也因爲「麵包太香」，同樣被環保局罰款十萬新台幣。對於這種事例，人們難免納悶，「香味」不是好東西嗎？怎會討人厭？這到底是怎麼回事呢？

「香味」過度反而爲害

食物料理和麵包想當然應是「香」，但偏偏有人覺得是「臭」。據環保署官員表示，每個人對味道的感覺不同，他舉例說臭豆腐有人覺得香，而香水也有人覺得臭。關於「香水不是香」，二〇〇七年三月底加拿大就有實際案例。

那是加拿大亞伯達省卡加利市一名二十五歲婦女，由於身上抹擦的香水「太香」，公車司機受不了將其趕下車。沒想到同一周內，相隔3天，此位女郎又因同樣原因被另一位公車司機請下車。這位女性覺得當眾受辱並感到十分心煩，且對今後搭公車也存有恐懼感，因而向市府抱怨。

二〇〇二年五月，台南市也發生種植「夜來香」人家，花香讓鄰居無法入眠致痛苦至極，終而鬧成大新聞事件，最後以斬除夜來香作結。

這幾個國內外活生生的現實社會事件，反映出連「香味」這種東西，都會有人產生相反的感覺。即使可說是「反常」，但我們或更能體會出不可以用「想當然」的態度來處世，凡事應爲人設想，站在別人角度上去感受，因爲凡事大概都難免有「例外」，而這些例外也往往受到忽視！其實，由「海畔有逐臭之夫」這句古早就有的話語，我們也就可以得知「一樣米養百樣人」、「人各有志」並不只是說說而已的。而且，俗話也說：「過猶不及」，這也就是基本經濟學理「效用遞減」，好東西一時消費太多之後，甚至變爲「負效用」的道理。

如何化解外部性問題？

「香味惹禍」之成爲新聞，在於「香味」這種對一般人來說是求之不得的好東西，但對特殊人卻不但不香，反成害。不過，對「香味」厭惡的鄰居是否可以禁止別人製作麵包、作料理、種植夜來香、抹香水呢？

類似的問題像「住在鐵工廠隔壁者可以阻止工廠不開機器吵人嗎？」、「公寓可以養狗嗎？」等等，在現實社會裏不勝枚舉，尤其人口愈多、都市愈發達、高樓大廈愈來愈多，聲氣相通愈來愈難避免的現代社會，某人的行爲難免會在無意中影響其他人的所謂「外部性」、特別是「外部傷害」，如何妥善化解呢？訂定法律、訴諸公權力是好方法嗎？還是當事人都心平氣和、在彼此都抱持「爲對方著想」心態下，大家和樂地溝通來找出解決之道較好呢？

由上舉事例，都是環保單位依法罰款解決，這也是人間最常用的方法。問題是：這樣做眞的就順利解決問題了嗎？事實上，就有「小老百姓」投書報紙鳴不平。二〇〇九年十月二十六日《自由時報》刊載〈雞排太香罰十萬？機車公務人員腦殘！〉一文，作者這樣寫著：

「香、臭、有味道這種只是鼻子聞聞就要開罰，相信被罰的業者除了不服氣，而且一定很心痛吧！

小吃的利潤微薄，做的又是勞心勞力的工作，每天開店小賺就微笑，大賺的也不一定大笑（因爲累到沒表情），當官的卻忍心罰他上萬元？十萬，怎麼聽起來好像什麼犯人要從警局交保離開一樣？

開單的公務員說：『有人檢舉，我們就要查。』根據本人在不同小吃店工作的經驗，事情沒那麼簡單。曾看過有同事被老闆唸個幾句，心生報復，躲在裡面拿起手機立即『檢舉』自家老闆，想到什麼就檢舉什麼。還有，樓上鄰居剛好在旁邊也有店面出租給同樣做吃的，看你生意好影響到他房客了，也是想到什麼就檢舉什麼。想不到吧？

更想不到的是現在的公務人員因此成了『有心民眾』的『整人工具』，『有人檢舉就查』，聽起來就像『有人要整你們，我只好來』一樣。

公務大人們，當你們拿出儀器，查噪音、查空氣污染時會比較像在維持正義，比較像眞的。可是只是用鼻子聞到『有味道』就開罰，還罰到萬元以上，就眞的是有點過分了！

法不外乎理與情，會捲起袖子做吃的，不是在做壞事，請吃公家飯的少開罰金，多動腦、多關心，讓店家做得下去，讓鄰居也感受到『好的改變』。」

這篇短文無意中點到一個關鍵，政府官員也是「凡人」，即便有法令訂定某一標準，或者儀器並不準確，或者會有主觀意識型態的判決，或者會出現賄賂、勾結情事。更糟糕的是，反會給惡人提供「整人的工具」，在爭權奪利、自私自利已成常態的當今社會，這種情況已非常一般了呢！

此外，就一般常識，以上文所舉料理香、麵包香、花香或香水事件來說，若問：「誰是受害者？」大家是否會脫口而出：「鄰居」、「司機」？接下來還會有「餐廳、種夜來香、麵包店或抹香水者應該賠償受害者」之推論。這種自然而然的反應，也是當前用來解決問題的方式。不過，經由深一層的探究之後，答案可能完全相反，也許店家、種花者和擦香水的小姐也是受害人，而被認定爲「受害人」者，也許不但不會要求賠償，反而會掏腰包給害人者要求其停止害人的行爲呢！這似乎違反公平正義吧？！道理何在呢？

以這兩家餐廳和麵包店來說，其製造的香味四溢，至少波及左鄰右舍，其範圍有多廣，並不容易認定。不過，即使沒作實地訪查，我們也可斷言或有喜歡聞該種香味的鄰居或過路人，而這兩家店若禁不起罰款而關門之後，這些人豈不享受不到可口的料理、麵包及其香味，不也成爲受害人嗎？再說這兩家店的主人，爲何沒有製作料理和麵包的權利？而他們製作餐點和麵包並被罰不是得花費「有形成本」嗎？連同成爲媒體報導對象，且受指責的心理損失，我們能說「這戶人家不是受害者」嗎？所以，一件事情的害人者、受害人，其實是很難確切認定的。其次，縱然認定了害人者和受害人，哪一方支付賠償，也還是未定之天呢！

耐人尋味的「寇斯定理」

此種異於一般常識的深層推理，是一九六〇年才出現的，主角是一九九一年諾貝爾經濟學獎得主寇斯（R. H. Coase, 1910~2013）這位經濟學界的優雅隱士。他是在一九五九年一篇精妙分析美國聯邦通信委員會的管制論文裏提出這種見解的，當年提出時震驚了芝加哥大學那一大票世界頂尖的自由經濟大師們，一場原先1（寇斯）對20（包括已故的弗利曼（M. Friedman, 1912~2006）和史蒂格勒（G. Stigler, 1911~1991）這兩位諾貝爾經濟學獎得主在內的芝大教授）的小型家庭式辯論會，到後來竟成爲21對0的結果，亦即所有人都倒向寇斯那一邊，而著名的「寇斯定理」也就此誕生。

寇斯在返家路上思索，連頂尖學者都得花費一番唇舌說服，可見其中道理難參悟，有必要予以說清楚，於是他很快地完成〈社會成本的問題〉這篇影響深遠、也是他獲諾貝爾獎的主要論文。之後一向由政府出面以課稅或補貼來內化外部成本或外部效益的「庇古式主張」就受到徹底的顚覆。不過，寇斯的理念雖正確，但或因「交易成本」高低的因素存在，迄今各國還是由政府主控「外部性」的解決，而「使用者付費」依然是最被人們接受的觀念！

值得提醒注意的是，「寇斯定理」並非排斥或否定政府的重要，而是要政府扮演適當角色，那就是明確產權、保護產權、創造溝通協商市場、充當公正裁判等等職責。在自由民主社會裏，寇斯的主張是可行的，若能配合「人心向善回升」，那就可更完美的達到「社會福利最大」之理想。

人心向善，去私、利他

我們可舉另一個實際案例來說明，那是二〇〇九年底台北市永康街那一家全球聞名的「冰館」關門，以致永康街店家生意大受影響，而關門的原因是家務事難解。有位美食家梁幼祥先生於二〇一〇年一月七日投書《聯合報》，以〈冰館風波何只是家務事〉爲題，這樣寫著：

「冰館雖小，但應盡該有的社會責任。冰館當年的開業，給永康街眾多傳統飲食間，帶來了年輕氣息，冰館賣的冰，有些像港澳廿年前的鮮果人，但取材用料都是用台灣的芒果、草莓等現採水果爲主，當然，香港的旅客都認爲比他們那兒的冰好吃多，日本的旅客就更不用說了！

當年，還是對青澀的創業夫妻，尤其小羅俊俏的眼神，小梅可掬的笑容，比他們的冰還迷人。

我在各地授課，也會將他們成功的故事當案例，做成台灣之光講述。日昨在電視看到小羅渙散的眼神，感覺到他的疲憊；聽到小梅怨懟的聲音，感覺到她的不滿。

我要說的是，你們的家務事，八卦媒體不炒白不炒，越炒會越醜陋！但你們不要忘了：當一個人，或企業，已是公眾所知的，就必須在肩膀上多扛一分責任！

台灣有多少媒體，義務的（包括我在內）幫你們推到第一線，中央政府、地方政府的導覽手冊，也大力的爲你們做幾乎背書式的宣傳！你們已是爲台灣觀光產業注入生命力的一顆螺絲。你們的分手條件，很多人看來是個糊塗帳，願打願挨，誰也管不了，但是你們拉下鐵門之前，是否曾想過，對那些曾支持過你們的人，是多麼的遺憾與多麼的無奈！小小的冰館對台灣觀光產業又是多大的損傷？

我說一個澳門同樣故事的例子：當年安德魯夫婦，開創了澳門的葡式蛋塔店，小小的店，養一大家子的人，這對異國夫妻雖然也走上分道揚鑣一途，可是多年來，女方的瑪加烈蛋塔與男方的安德魯蛋塔，各開各的，不僅相安無事，每年還替當地賺了不少觀光客的錢，當然各自也口袋麥可麥可！

台灣可以沒有你們，但在責任上，許多知名產業都一樣，賺錢之外，還得背一些對國家與社會的責任。爲什麼不好好解決？很容易的小事，王永慶家產，如果鬥爭得兩敗多傷，台灣的經濟環境會是什麼樣？

冰館雖小，責任心要大，這是台灣所有人該有的認知；小梅和小羅，聰明的找個調人，弄個多贏的方法！

讓我們爲這塊土地，都盡一些我們能盡的一些些責任吧！」

這篇文章點出一個有趣的問題，此即：原本只是私人的店鋪，竟然被迫成爲眾多其他人的事務，冰館的開設原來只是店主的生計，卻因東西夠好吸引無數顧客，於是引來政府和一些名人「主動的」幫忙宣傳、推銷，到頭來竟然讓冰館產生鉅大「外部效果」，而店主已不能隨己意自由關門了。不過，在私產的自由經濟社會，別人還是無法不讓店主做主，但對於社會卻產生了大的傷害。怎麼讓事情完滿解決，以使社會福利達到最大呢？

梁先生爲文作道德勸說是一種方法，而寇斯所提出的主張更可行，政府出面當是和事佬或裁判，任務在創造一個「和諧」的環境，讓當事人心平氣和、理性地協商，最好是激發出「利他」情懷，讓這對怨偶協商出彼此都可接受的方式來解決問題，於是冰館可繼續經營，觀光景點可持續發光發亮，地方也能獲得繁榮，廣大人民的生活可以更和樂。一切的一切終究都得「人心向善提升」呀！大家何不「由衷」一起來實現呢？

23 「共用財」的迷惑

一九九九年七、八月時分，在台灣，當時的李登輝總統對外國媒體提出「兩國論」，而「兩國論」一出鞘，國防部立即成為媒體焦點，國防部長也頓成頭版焦點人物。雖然展示了不少精良武器，我們也聽到了國防部有充分準備的保證，但在一連串飛安事故下，台灣民眾曾對「國防安全」產生懷疑。

由高層次的觀點思考，我們實在應嚴肅思索為何人類相互間會如此不斷相殘？若能和平相處，何需創造發明殺傷力愈來愈強的各類武器？而所謂的「國防」、「治安」也當然消失無形了。撇開這個根本性的關鍵難題不談，落到現實的醜陋人間來看，國防已是各國不可或缺的重要一環，而且耗費龐大，在政府預算中占了很大比例。這種現實也明白告訴我們：國防是掌控在政府手中，這個已是習以為常、天經地義的觀點，眞有其必然性嗎？我們由一則軼事談起。一度曾是台灣軍事強人的郝柏村先生，在擔任行政院長期間，台灣民眾最常看到的畫面是他和民進黨立法委員們爭執場面，尤其對於「統獨」這個敏感性極高的國家定位問題，雙方簡直是水火不容、劍拔弩張。

在立法院質詢場合，郝先生曾經音調高亢地說：「國軍是不保護台獨的。」他的意思是：一旦對岸共軍來犯，國軍奮勇殺敵之餘，是會眼睜睜地放任共軍將主張台獨者殺害的。這樣的邏輯當然是石頭落井「不通！」，不說主張台獨的人不會綁上台獨標誌在身上作辨識，即使能辨識，若國軍不會讓共軍侵入台灣，使台灣免受砲火洗禮，生活在寶島台灣的所有生物不是都可平安無恙嗎？那麼，包括台獨分子在內的全部住民，不也都受到保護了嗎？原因何在？關鍵就在「國防」這種物品所具有的「特性」，一旦它出現，而且作得好，其所涵蓋範圍內的民眾，都能得到安全保障，不論是否曾經支付國防經費者，一概都可享受到該物品的好處。

這樣的特性，換個說詞就是既有「共享」又有「不能排他」的性質，在標準經濟學課本裏稱擁有此特質的物品爲「共用財」（一般的用詞是公共財，英文叫 public goods，但這些用詞都很不恰當，這留待下文再談）。

坐享其成、搭便車

由於具有這種特性，追求「自利」的理性個人，不是都會期盼別人生產、提供，自己則靜靜等待「坐享其成」嗎？人同此心、心同此理，依此道理，若放任自由市場去運作，除非是社會上充塞著心懷公益的大善人，否則具這種特質的物品不是不可能面世的嗎？即使可以出現，其數量也是「嚴重不足」的，那麼，這不就有礙人民福祉的提升了嗎？市場不是就嚴重失靈了嗎？爲了讓這些好東西得以面世來造福群眾，而且又可抑制「搭便車」（free rider）行徑，由代表全民的政府來負責提供不就可以彌補這種市場失靈狀態了嗎？

這麼完美的分析有什麼不妥的呢？

首先，人世間眞有既具「共享」又「不能排他」的物品嗎？國防和治安似乎極接近，但還是能以驅逐出境及趕離保護範圍來「排他」的，連這兩種物品都難符合了，遑論其他！在經濟歷史上，這個課題最有名的例子就是「燈塔」。在古早時候，一旦燈塔被建造起來，任何進港的船隻都能受惠，燈塔主人不可能排除任何船隻享受燈光之福。除非懷抱服務人群理念者，否則不會花錢建造來「免費」分享大眾，這裏已點出了一個重點：「免費」！若能夠收費，問題也就不存在了。

燈塔的故事

早在一八四八年，米爾（J. S. Mill, 1806~1873）就指出由於收費困難，燈塔的建造及維修需由政府爲之。到一八八三年西格畏克（H. Sidgwick, 1838~1900）推廣說「在好幾種情況下，以市場收費來鼓勵服務供應的觀點是大錯特錯的。……某些對社會有益的服務，供應者是無法向那些需要服務而又願意付費者收費。例如燈塔。」到一九三八年，庇古（A. C. Pigou, 1877~1959）認爲既然在技術上難以向船隻收費，若燈塔是私營的，私人收益在邊際上就會低於燈塔對社會貢獻的利益，於是政府建燈塔是必須的。

華裔國際著名產權經濟學者張五常評論說，上述這些學者並不反對提供服務者向使用者收費，他們認同收費符合經濟原則，且市價是重要的供應指標，但因燈塔收費困難，致私人興趣缺缺，爲免社會福利受損，政府以干預手段來提供，俾彌補市場失靈乃有必要。

到一九六四年，薩繆爾遜（P. A. Samuelson，1915~2009，一九七〇年諾貝爾經濟學獎得主）進一步認爲，燈塔就算容易收費，但因其多服務一條船的費用毫無增加，亦即「邊際成本爲零」，收費將嚇阻使用者，由而社會福利即減損。所以，爲社會福利著想，燈塔不應收費，如此一來，私人當然更興趣缺缺，於是類似燈塔的「共用財」，應由政府免費提供。

張五常對這種主張的好心腸經濟學者批評說，對那些願意付費但仍設法逃避者，這些學者竟要政府爲他們免費且增加服務，那麼，對那些在飯店白吃而不付帳的人，這些學者是否要政府爲他們大擺宴席呢？如此的免費午餐能吃多久？而一九九一年諾貝爾經濟學獎得主寇斯（R. H. Coase）在一九七四年發表的〈經濟學上的燈塔〉一文就回答了張五常的這個疑問，亦即，收歸公營後燈塔反而減少了。

「治安」非由政府擔當不可嗎？

多年來「治安敗壞」一直是台灣住民的頭痛課題，也是各項選舉時候選人信誓旦旦要改善的重要政見。由此一端已可清楚得知，與治安緊密不分的「警察」業務由公家提供，是所有民眾的共識，而公家也者「政府」是也！

記得在電視上看過一部有趣的好萊塢電影「我的子彈會轉彎」，故事情節雖然有點荒誕不經，但主角所從事的職務卻令人印象深刻，就是擔任「社區治安」工作，可是並不屬於政府部門，而是私人出資籌組的民間「治安團隊」。其經費來源是社區民眾繳交的，與民眾訂有契約，一旦治安狀況得不到民眾的認同，就會受到解約或不續約命運，而由其他民間團體接手。值得注意的是，政府的警察部門也存在，但其角色在於監督和提供必要協助而已。

其實，電影的情節在台灣社會也有類似狀況，社區警衛、保全公司都是很好的例子，只不過這些民間組織沒有公權力，也沒有足夠武器配備。換句話說，由政府提供、負責的「警察治安」事務，仍是不可或缺，只是其中的某些業務已經可以委由民間來辦理而已。爲何治安需由政府提供，其道理與國防相同，該種物品是「共享」且「無法排他」，一旦做得好，不管是否支付了費用，任何在治安範圍內的民眾都能享受。爲了免於該物品「數量不足」、甚至於「不會出現」，乃由大家一起出資、由代表人民的政府來提供，這就是典型的「共用財」市場失靈經濟理論。

「公共財」名詞的迷思

當台灣高鐵公司在資金籌措遭遇困境、興起不如放棄的動作表示之際，當時的交通部長林豐正曾明言，一旦台灣高鐵果眞棄守，政府將扛起興建高鐵的任務，原因是：高鐵是社會公益。

何謂社會公益？顧名思義「對公眾有益」之謂，雖說要予以明確、嚴格定義並不容易，但「大家共享」的特質應該具備，如果再加上「無法排他」就更完整。兼具這兩種特質的物品往往被通稱爲「公共財」，標準的中文經濟學教本裏幾乎都如此處理，可是公共財的稱呼很容易被當成「公家財物」，亦即公家所提供的物品，而最大的公家也就是政府。不過，實際社會裏政府所提供的諸多物品中，符合上述兩種特質者有多少？而符合這些特質的物品是否需要政府提供呢？經濟學課本裏對於後一問題的標準答案是「肯定的」，這也提供政客們在各項選舉場合大開建設支票的「有力理論基礎」，因而絕對是很夠份量的問題，說實在的，也是一個非常棘手的課題。

我們在上文已就燈塔這個有名的經濟歷史實例做過簡單提示，也對國防和治安這兩項經濟學教科書裏的典例做了反思，都得到：兼具「近似」上述兩種特性的物品，由政府來提供不一定合適的結論。其實，「知識」和「電視節目」也都近於具備這兩樣特質的例子，但很明顯的，民間製作的電視節目及出版品，都比政府提供的好看、受民眾歡迎，也當然對人民的福祉較有貢獻了。所以說，兼具這兩種特性的物品必須由政府提供，否則量會不足、甚至不會出現，一定是言過其實的，因而目前將此種物品以「公共財」稱呼，其易被立即認定爲必須由政府供應，著實是個很不適當的用詞，換以「共用財」稱之雖也不是很恰當，但應較公共財來得名副其實。當前台灣社會到處充斥政府（公家）供應的物品，其中合乎「共享」又「不能排他」特性者，可以說少之又少，而將公共財正名之後，是否會有所改善？

「公共財」是由「Public Goods」直譯過來，是一九七〇年諾貝爾經濟學獎得主薩繆爾遜（P. A. Samuelson）在一九五三年以精湛文章提出來的。張五常教授明指其錯誤，他用薩繆爾遜的原話解釋說：「在燈塔的例子中值得我們注意的是，燈塔的經營者不能向得益的船隻收取費用，這使燈塔宜於被作爲一種 Public Goods（張教授指出此名詞誤導讀者，因爲此時所指的並非共用財特徵）；但就算是燈塔的經營者以雷達偵察的方法，成功地向每一船隻收費，爲社會利益計，要像私人物品（張教授又指此時用 Private Goods 一詞，再加誤導）那樣地以市價收費並不一定是理想的。爲什麼呢？因爲對社會而言，向多一條船隻服務的額外費用是等於零（張教授指出這才是共用財的特徵，跟難收費是兩件事。他又說薩繆爾遜是 Public Goods 的創始人，但在這段文字中把這個詞用得太早了，以致誤導，他也推測中文譯爲公共財，很可能是因爲這段文字引錯了的。）……。」

這一段文字明確地顯示，共用財的眞正特色應是其使用的「邊際成本爲零」，並不是收費困難，但由此特色推得需由政府供應讓民眾「免費」使用，卻無疑是頗值得商榷的！

24 產權——經濟成長催化劑

我們時常聽說，經濟成長自一九三〇年代全球經濟大恐慌之後就受到全球一致重視，也咸認其是增進人們福祉的重要途徑，到底經濟成長的定義是什麼？如何促進經濟成長的呢？

經濟成長的定義有多種，較理想的應是：每人實質所得的不斷增長

經濟成長的定義有多種，全球通用的一種是：實質（扣除物價因素）國內生產毛額（GDP）的不斷增長。而GDP是一段期間（通常是一年）內一國的生產總值，涵蓋食衣住行育樂等等的產值，也有「國民所得」的稱謂，顧名思義，亦即所有住民所得的加總，是一個「整體」概念。問題是：儘管GDP大，但每一個住民的所得不一定大，很有可能只有少數人所得高，但眾多人卻是低所得，二十世紀末出現的「占領華爾街運動」，就是99％低所得對1％高所得者的抗議。所以，實質GDP的不斷

增長，人們的福祉不一定增進，而每人實質GDP（所得）雖仍無法顯示各個人的幸福度，但較現今通用的「實質GDP」來得好。如果我們能接受「每人實質所得不斷的增長」這樣的定義，就可以進一步了解其內涵。

顧名思義，「每人實質所得」係指社會總產出（GDP或所得）除以總人口之商，因此，其成長即表示總產出與總人口都在增長，而前者的升速大於後者，或者前者在增長，而後者不變或是減少，或者是兩者都呈現減少，而前者的減幅小於後者。我們知道，由人類的歷史演進來看，人口是不斷增加的，因而第一種情況的討論才有意義。

雖然這裏所用的經濟成長定義，在生活品質的追求愈來愈受重視下，由於其沒將污染成本等計算在內，受到不少的批評，但一來難以找到可以衡量的較佳指標，二來該指標所反映的也確係追求生活素質的重要基礎，因而仍廣被採用，後面章節我們再就此議題提出討論。

無論在經濟學原理或經濟發展的教科書裏，我們都很熟悉生產增加的來源，是在於生產因素的質與量之增長，而一九七一年第三屆諾貝爾經濟學獎得主顧志耐（S. Kuznets, 1902~1985）教授更特別強調「大量採用以科學爲基礎的技術創新」才是基礎所在。這樣子的說法當然是非常正確，但是，若進一層的加以思考，就會發覺似乎少了什麼東西。

原來，只有指出技術、資源、專業化、貿易等係經濟成長的來源，缺少了一樣重要的東西，此即，爲什麼要促進技術發展、爲什麼要組織資源，又爲何要追求專業化以求生產的提升？其「動機」何在？

經濟成長的起源應歸給「財產權的私有」

如前數章所言，在當代經濟學裏，都假設人是「追求自利」的，其實也不必客套的說是「假設」，根本可以直截了當的說是「現代人的本性」。既然如此，除非辛苦生產的結果，其「利得」是歸自己享有，否則不至於會求生產的增長。因此，如果不是「財產私有」的存在，我們是難以想像個人會自動努力利用各種最有效率的生產方式以求取生產的增長，因而也就無法見到經濟成長了。職是之故，經濟成長的起源應歸給「財產權的私有」（私產）。

經過這樣的了解後，我們就可利用史料來印證此種說法是否有道理。一般而言，所謂的「現代經濟成長」，似乎是指第二次世界大戰以後，各國競相追求經濟成長的事實，也由那時起，至少在民主自由的國度裏，每人實質產出才出現快速成長的現象。不過，如由較長期間的資料觀察，應可再追溯到十九世紀工業革命，打從這個革命發生以後，技術進步乃不斷出現，每人所得顯見提升的經濟成長才突顯出來。而工業革命是發生在英國，因此，根據一般經濟歷史的記載，我們總認爲經濟成長的現象，最先是在英國出現。但據考據，有史以來第一次出現生活水準與人口一齊成長現象的，是在十七世紀的荷蘭，那是在工業革命尚未萌芽的一百年前。

經濟成長史，不是技術演進的歷史，而是法律的歷史

爲什麼經濟成長會在荷蘭最先出現呢？這是因爲當時在那裏，頭一次出現了一套組織及財產權的制度，把個人的動力，化爲相當有效率的資本與人力之分配，因而促進了經濟成長。這也就是說，經濟成長並非由工業革命所引發的，相反地，如果沒有經濟成長，工業革命可能根本不會發生，而在上一個世紀之經濟成長，也正是由於財產權的界定與發展，才得以一步步的實現。

這樣子的說法，是一九六〇年代興起的新經濟學家中，將財產權運動作爲擴展經濟學管道之一的那一支派所信奉的，美國華盛頓大學經濟學教授諾斯（D. C. North，一九九三年諾貝爾經濟學獎得主之一）就是此派學者中頂重要的一位。在這一派學者的眼中，經濟成長史並不像我們所想像的是一般所認爲的技術之演進的歷史，而是法律的歷史，不過，法律卻也可以視爲一種技術，亦即組織人類經濟與社會關係的技

術。進一步說，經濟成長與資本主義，以及現代的「資產家」社會，是無法加以分割的。

由於財產權制度程度的不同，各個社會也就出現差異

自從一九三〇年代凱因斯學派總體經濟學的興起之後，似乎已完全忽視經濟成長的根源是在「降低成本」這個基本事實，這裏所指的成本，除了我們熟知的生產成本外，尚包括了交易、組織，以及資訊等等的成本，也就是機會成本。所以，降低成本的方式係視社會中的成員，能對稀少資源作多大的經濟使用範圍而定；只有市場的存在、新的機會和新的規模經濟出現仍然不夠，而將這些單一因素加總起來，也並非經濟成長。所謂的經濟成長，必須有足夠的經濟個體都有抓住這些因素的動機，其先決條件就是：這些因素要能確保個人有足夠的利益，而這些利益的數目和確定性，則是經濟個體利用這些因素和「財產權」制度來決定的，而追根究柢，「成本」才是決定性的因素。

這批新經濟學家所指的「財產權」，意指對於資源的占有、使用，以及移轉所訂定的法律、規則、風俗，以及管制。舉例說，租稅和關稅，就是讓政府擁有財產權，以管理人民經濟活動所獲成果的制度，亦即限制私人享用勞動成果的財產權；反之，

政府也能授權與個人或廠商的獨占特權，以增加個人或廠商的私人財產權，此係將自由競爭下，原本屬於消費者的購買力主權，轉移給獨占者。任何一個有組織的社會，不管是否承認財產權，都有一套財產權制度，由於賦與個人（或團體）財產權制度程度的不同，各個社會也就有差異存在。

財產權制度，若能使個人跟社會報酬率愈接近，就愈能激發工作意願

由上面的扼要分析，我們就能更清楚了解財產權和經濟成長間的關係。一個社會，如果設定的財產權制度，確能保護人民自我努力所獲的果實，則成長將更多也更快，反之，若權利制度不夠明確，有「特權」存在，則將使創新的成本增加，個人生產的獲利率會降低，這個社會的成長將會減少。這個緣由可再用下面的話語說得更清楚些：每當有人引進一種創新時，即可不用更多的稀少資源，甚至於可用較少的資源，來生產出更多的東西，不但爲自己，也爲整個社會創造了剩餘，因而有所謂的「私人報酬率」和「社會報酬率」。財產權制度就是用來決定每種創新活動，如何作這兩種報酬率的分配。

可想而知，一個社會的財產權制度，若能使個人報酬率跟社會報酬率愈接近，就會鼓勵更多人更起勁的工作。而中世紀以來的西方歷史，從財產結構來看，是一部經

由創新使私人和社會報酬率愈來愈接近的歷史。上提十七世紀的荷蘭能夠最先產生經濟成長，就是最早做到這種境界之故。根據諾斯的研究，現代歐洲的早期居民中，發明家、創新者、天才或冒險家，並不比十一世紀的歐洲或早期的中國多，但是，就因為有特殊的財產權制度，使創新活動對當事人更有利，才有經濟成長的出現。

歷史是一面鏡子，如果我們仍要持續、甚或追求更高的經濟成長，不但要堅持私有財產權制度，而且還要勉力的保護並擴大之。其實，由一九八〇年代以來，集權社會主義國家競相放棄「共產」，唯恐落後的投向「私產」行列的事實，不是正可提供與經濟成長歷史相互輝映的「鐵證」嗎？

25 創新不是做出來的

「創新」理念雖然早就由一代宗師熊彼得（Joseph Schumpeter, 1885~1950）在一九三四年明確提出，但眞正發光發亮卻是二十世紀末期，當「知識經濟」出現之後的事。在台灣，前台大經濟系教授陳博志擔任經建會（現今的國發會）主委時，曾大力推動知識經濟，而促動全球知識經濟熱潮的重要人物中，美國麻省理工學院知名學者佘羅（L. Thurow）是其中之一。

陳博志教授在二〇〇四年五月五日中華經濟研究院出版的《經濟前瞻》雙月刊中，寫了〈佘羅教授知識經濟的觀念及其在我國之應用〉這篇文章，推崇佘羅「相當重視經濟體系不均衡的狀態及其調整過程」，而佘羅就是認爲「不均衡的狀態是高報酬、高成長的來源」。

「不均衡」的獲利論

也就是體認不均衡是獲得高額利潤的主因，佘羅乃提倡「知識經濟」，經由「知識」來創造「不均衡」。陳教授就佘羅的這兩個論點，在台灣尋求佐證並作政策引申。在「善用不均衡來獲利」上，陳教授認爲我國歷年來經濟發展成功的原因，就是成功的利用台灣和其他地區不均衡的差距，他舉出兩個實例，一是日治時期日本本土和台灣之間所得、技術，以及氣候的差距，提供了台灣農業和農業加工業快速發展的機會。二是第二次世界大戰之後，與先進國家之間大幅的差異變成新環境下的不均衡狀態，具體而言，工資差距拉大形成開發中國家生產勞力密集產品出口的利基，再因我國技術落後，而先進國許多技術甚至可免費引進，也都具創造利潤效果。簡要而言，陳教授認爲台灣過去四十多年的發展，可說利用經濟自由化、國際化，以使人民能利用國際不均衡來賺錢，並促使經濟發展的明證，也同時證明了自由經濟的優越性。

不過，在以自由經濟獲取不均衡利益時，陳教授也提醒我們佘羅指出的「消除不均衡有人獲利，但也有人受損」之現實，例如我國廉價產品出口，固然增加我國就業，也降低進口國物價，對全球整體而言有利，但對生產相同產品的外國廠商卻有售價和利潤下降之損失，進而使勞工失業。陳教授認爲這是很多談自由經濟的學者忽略的問題，因爲學術上假設得利者需補償受損者，但實際世界並非如此。在全球化如火如荼的二十一世紀，以往享受自由化利益的台灣，嘗受著包括中國在內的後進國家利用不均衡獲利所帶來的損失，失業提升、產業外移、工資下降就是現實問題。

積極創造「不均衡」差距

破解這種不幸後果之道，就是「積極創造」不均衡差距以創造利潤，佘羅的知識經濟就是主張「以知識來創造不均衡的利益」，而且是以政府的策略爲主，選擇自己的優勢，他特別重視「技術的創新」，於是一個國家要同時培養有創意和創業能力的人，以及不見得有創意卻能高效率工作的人。但在全球化和知識經濟趨勢下，佘羅認爲失業和所得分配的惡化很難避免，而政府愈來愈難幫助失業及低收入的人民。

乍看佘羅的分析頗具說服力，而全球化和知識經濟會導致貧富更不均及大量低技術失業勞工，也是許多輿論的共識。不過，我們或可用另一個角度來看這個問題，讓我先說一個故事，這是二〇〇四年在HBO密集上映多次的一部影片，片名叫做「Door to Door」（中譯「天生我才必有用」），是一位天生有缺陷、在社區當「登門推銷員」的溫馨故事。當社會快速變化，交通、電信、電腦愈來愈便利，「機器代替人力」愈來愈普遍，登門推銷員也難免面臨被裁的命運，這位故事主人翁在公司的部門被裁併，他則被當成「受救濟者」勉強在倉庫一角保有位子，但受不了被忽視及自卑心作祟下，辭職回家了。

一位從小觀察這位登門推銷員長大的報社記者，寫了一篇專文介紹此推銷員，以「一根聯繫社區成員的心之線」來形容其功用，既觸動已成爲「現代社區」的所有冷漠、寂寞的住民，也喚醒該年老登門推銷員的自尊，更讓他領悟到自己的價值，而且重新發現可以扮演的角色，於是不但重回公司，業務更是欣欣向榮，該浴火重生的推銷員更藉由電腦等現代化工具的幫助，讓服務範圍及內容更爲擴大。這個簡單、生動的例子其實告訴世人，全球化和知識經濟並非造成「零和」結局，只要有「心」，且眞心服務別人，非但不會被淘汰，反而會在現代人愈來愈空虛的「心靈」，找到更寬廣的機會。

這個故事也顯示任何有心人都是「天生我才必有用」，總能在寬廣的機會中尋得自己的利基，也就是找到自己的特質，或者「比較利益」所在，這也是創意、創新的一種，而全球化下的世界其實更爲海闊天空，更容易讓每個人尋得自己的有用之處。不過，必須提醒的是，在尋覓的轉換過程中難免要支付代價，因而平時不要忘記「儲蓄」作爲預防不時之需，乃是人生必備事務。

愛迪生 vs.愛因斯坦

至於佘羅所主張的「創造不均衡」，涉及這樣的課題：人際間的「不均衡」或「差異」，或者「創新」、「創意」，究竟是「自然長成的」或「政府做成的」？佘羅傾向於後者，因而主張政府以政策來累積知識，來促進創新和營造創意，來推進技術進步，而最常用的方式就是「利誘」，以棍棒和紅蘿蔔做爲工具，而「專利權」則是最顯著例子，於是我們看到「科技新貴們」過勞死普遍存在，從事創意、研發者也都在壓力下痛苦地找靈感。也許不必多說什麼，就愛因斯坦和愛迪生兩位名滿全球的創意、創新、發明者比較，就可見分曉。

愛迪生和愛因斯坦這兩位對人類都有偉大貢獻的科學家，後者純眞、無私、可愛，但前者則刻薄、自私。關於愛因斯坦，如前所述，我們可再由前台北榮民總醫院教研科醫研部郭正典主任，於二〇〇四年八月六日發表在《自由時報》，名爲〈愛因斯坦的風範〉一文中記述的一九三三年愛因斯坦受聘至美國普林斯頓高等研究所擔任理論物理學教授的一段佳話見端倪。

愛因斯坦要求「低薪」

愛因斯坦應Flexner邀請到一新型的高級研究機構作研究，這所研究機構就是後來著名的普林斯頓高級研究所。當時愛因斯坦要求個人的年薪只要三千美元，Flexner頗感爲難，不只是覺得如此低薪實在是虧待愛因斯坦，而且對其他職員又該如何比照呢？於是Flexner一次又一次要求愛因斯坦提高薪水，到最後還幾乎是哀求，才好不容易說服愛因斯坦接受一萬六千美元的年薪。這也可看出愛因斯坦的生活是何等儉樸、簡單。

自私的發明家

我們轉而談愛迪生這位偉大的發明家，他的發明對人類有著莫大貢獻，我在小學時就被灌輸愛迪生是位偉人，爲了研究可以廢寢忘食，是人類的典範，是位偉大、無私、人格高超的人物。這種刻板印象在一九八八年卻被全球知名華裔產權名家張五常教授給顚覆了。張教授在一九八四年二月十四日發表了〈自私對社會的貢獻〉這篇經濟散文，在描述「自私對社會有益的」論點時，深怕讀者難以同意，乃舉出愛迪生這位家喻戶曉的偉人來支撐其論點。

張教授說他在一九七四年到一九七七年間，曾從事研究有關發明專利權的經濟問題，搜集了很多資料，其中對有關愛迪生的他特別留意，因爲他也是自小就被老師耳提面命愛迪生的偉大、無私地爲社會提出貢獻。張教授在看過有關資料後，下評語說：愛迪生「偉大」是對的，但「無私」卻是謊話。他發現愛迪生的自私，世界少有。愛迪生從不捐錢，對工人苛刻至極，對於自己認爲無利可圖的發明，一概不理；但認爲有商業價值的，就大量投資，日夜催下屬工作。張教授說愛迪生對發明後專利權的重視，也是少見，每次覺得外人可能偷用了他的發明，就訴之於法。如此一來，愛迪生的發明縱然是價值連城，他死時卻不富有，因爲打的官司實在太多了。張教授說有人做過估計，認爲愛迪生所花的律師費用超過了他發明專利權所得到的收入，不過，這樣的結果，也可以說愛迪生將財富分享給律師，可惜的是，律師也應是高所得的一群呀！

張教授舉愛迪生這個典型的自私者對社會有偌大貢獻，來印證「自私對社會是有益的」論點，與經濟學鼻祖亞當·史密斯在一七七六年《原富》裏所陳述的論調異曲同工，都支持「我們在市場能買到所需的貨品，可不是由於供應者的仁慈之心，而是因爲他們爲賺錢自利的緣故。」於是一直以來主流經濟學不論哪個流派就都將「自利心」作爲「人的行爲」之準則。不過，我們換個角度、拉高層次想一想，包括愛迪生在內，如果擁有「利他心」，豈非能發明更多、更好的，且有益於眾人的新事物，若各行各業的生產者，都能以「愛心」、「善心」生產物品，豈不讓消費者更喜愛？而且大夥兒在生產時也充滿一片和諧、和樂氣氛，而寶貴生產資源也會被惜用，當今所謂科技新貴「過勞死」、生活緊張忙碌、壓力過重的種種毛病不是就不會存在了嗎？而包含愛心、善心在內的產品更能取悅於消費者，報酬怎不會滾滾而來？這是一幅「無求而自得」的美麗畫面，也是古人所謂的「有心栽花花不開，無心插柳柳成蔭」的情境，多麼詩情畫意，多麼沁人心扉，又是多麼令人憧憬啊！愛因斯坦的世界不就是這樣的嗎？別說愛因斯坦只有一個，一般人做不到。也先不要將「不可能」放在腦中，大家何妨一起來試一試跳脫「自私自利」，換以「無私之心」來待人處事，看看結果會是怎麼樣？看看創意和創新是不是會源源不斷滾滾而來？

營造創新環境是創造價值的第一步

再就「專利權」這項當代社會用來刺激創新的熱門課題而言，涉及「創意可以複製嗎？」這個有趣疑問。我們由一則故事談起，話說前中央研究院李遠哲院長在二〇〇四年四月三日下午，於日本東京的一場演講中，透露了一段他拜訪雕塑名家朱銘的軼事。

李院長某日專程造訪位於南投縣清境農場的朱銘工作室，才一進大門，就被朱銘自創的一副對聯吸引住。該副對聯的大意是說目前博士、碩士滿街跑，但眞正有知識、有智慧的逸材，堪稱千萬人中難得一二。

看過對聯，李院長進一步向朱銘討教雕塑技法向誰學習而來？不料朱銘反問說：愛因斯坦的相對論是學來的嗎？這個回答讓李院長覺得無地自容，在該次演講中更坦承自己當時的確提了一個蠢問題。

只能意會不能言傳的技術

我乍看這則花絮報導，腦中立即浮現另一個故事。那是大約三百年前，義大利有位識字無幾的木匠史特拉底瓦里（Stradivari, 1644~1737）。此君例行生活中製作的小提琴，至今仍有數把流傳，且被公認爲「琴中極品」，台南奇美博物館就因爲收藏其中一把而名聞國際。歷年來，不斷有人應用顯微、化學、數學、電子等等現代尖端科技，嘗試製作可以媲美史特拉底瓦里的小提琴，可是都沒有成功。

現代人之所以無法複製名琴，不完全是找不到史特拉底瓦里當時所用的材料，主因是不知道如何重複史特拉底瓦里的製作技巧。

這兩位東西方的名家，都沒受過多少的正規學校教育，他們所生產出來的人間極品是他們日常生活中的例行事務，可以說是工作，且是日日夜夜重複進行的。我國的朱銘，雖然曾追隨過兩位老師學藝，但在眾多學徒中得以出類拔萃，而且青出於藍、更勝於藍，應該不是抄襲、複製而來，即便是抄襲，也不可能勝於原作。而義大利的史特拉底瓦里也曾在一六六六年拜阿瑪悌爲師學習製琴，但由史特拉底瓦里名琴的無法以現代科技複製，我們更可以領悟到百分百的複製是不可能的。如此，我們對於當代「專利權」這個熱門而重要的課題可以有更深一層的省思，或許其弊會大於其利呢！

學而時習之

此外，由這兩個故事，我們也可以思考「學習」的精義何在。朱銘當著李院長的面否認其雕塑技法是學習來的，但他確實是跟過兩位老師，而且也開班收徒，難道這不是學習嗎？而史特拉底瓦里也曾拜過師。他倆跟隨老師們做什麼呢？一個是「學」雕塑、一個是「學」製作小提琴，而且都跟在老師身邊好幾年呢！難道這不是一般人所說的「學而時習之」？

在朱銘的心中，「學習」可能是指本章一開頭所提二十世紀末開始響徹雲霄的知識經濟所強調的「創意」、「創新」之意吧？有差異、有特色、被公認價值高應是「創意」的精義，這應不是靠學習可以複製出來的！是「長成的」而非「做成的」。所以，政府若要使用政策，是應該往培育一個適合「長成的」創意或創新環境著手，這不是值得朝野上下有心人士嚴肅深思的課題嗎？

26
不丹啓示錄

二〇〇八年台灣總統大選，謝長廷陣營提出「幸福經濟」理念。一家專業報紙社論在評兩黨候選人經濟白皮書時，將謝的幸福經濟評爲「不夠具體，雖有主張亦顯空洞，有如學者寫論文」。

這樣的評語雖嫌過份，但也有些道理，因爲將之與馬蕭的「愛台十二項建設」相比，的確相對「不夠具體」，尤其後者又明確提出從事這些建設之後可讓台灣經濟成長率達百分之六、失業率百分之三以下、每人所得三萬美元的具體數字。不過，這也赤裸裸反映出現代人已浸泡在實實在在具體的「物質」中，將主觀性、無形的心靈丟失了，凡事必求「量化」已成例行公事。

走出 GDP 評量指標

其實，仔細看謝長廷的幸福經濟白皮書，也是有不少數字和具體作爲，只是被其和解共生理念，以及洋洋灑灑的說明掩蓋了。本文不是要爲謝陣營辯解，只是感慨人類如今「物化」之深。不過，這幾年出現了不少檢討聲浪，而且也的確有一些踏出以傳統國民所得（以GDP爲代表）評量的另類評量法出爐。其中，「幸福指數」得到不少關愛眼神。

二〇〇九年法國總統薩科茲（Nicolas Sarkozy）徵召史蒂格里茲（J. E. Stiglitz，二〇〇一年諾貝爾經濟學獎得主之一）和聖恩（Amartya Kumar Sen，一九九八年諾貝爾經濟學獎得主）兩位經濟學名家，著手研擬一套生活品質指數，以作爲改革法國體制的依據。史蒂格里茲指出，長久以來經濟學家咸感GDP已不是好的評量方法。他說：「因爲它沒有估算福祉的轉變，雖然這不必然表示有新的替代方法，但或許應建構一個補充量法。」

史蒂格里茲的說法並不新鮮，翻開任何一本總體經濟學教科書，在介紹過國民所得概念及其衡量指標之後都會作檢討，並指出缺失和補救之道。一直以來也都有各種成套指標的提出，試圖取代GDP評量法，但都成不了氣候，無法被普遍使用。經濟合作發展組織（OECD）多年前就研究了讓經濟統計數字對人民產生意義的方法，而且與其他國際組織從事一項「衡量社會進步」的全球計畫。

OECD 主導「衡量社會進步」全球計畫

這一項計畫在二○○四年十一月 OECD 主辦的一場會議上正式展開。二○○七年六月的第二屆會議，一個重要結論是：公民應有權對其認爲重要的國家發展擬定出衡量的標準。會議宣言呼籲由公民來界定一組衡量經濟成長的重要指標。

計畫主持人喬凡尼尼指出：「在二十一世紀，該主題非常重要，因爲它關乎資訊時代民主政體的運作核心。」許多國家意識到，統計數據可信度越來越低，原因在於資料與實際認知不符，或者數據遭曲解。喬凡尼尼說，人民感到被資料轟炸，卻對資訊的理解有很大困難。對照二○一四年的台灣，鮮活地印證喬凡尼尼的說法。

英國劍橋大學科拉朵博士也從事生活品質的研究，發現個人、社會與體制關聯的重要性。她對「歐洲社會調查」資料進行分析，該資料樣本涵括歐盟十五國的兩萬個公民；分析的議題包括生活滿意度，對國會、政治與司法體系的信任等。

資料顯示，丹麥與北歐人給自己打的幸福分數最高，南歐人最低。她說：「許多最幸福、富有的國家，也就是北歐國家、盧森堡與荷蘭，在世銀的管理指標上也名列前茅，同樣的，在我們研究的十五個歐盟國家中，管理得分最差的國家，在幸福調查上也往往敬陪末座。」

她指出，政府將施政焦點放在提升生活物質水準與財富上並不夠，幸福也不只是個人財富與快樂的極大化，其驅動力在於連接起個人與制度、社會的信賴程度，「比如，貪污低的國家幸福指數也最高」。決定是否幸福的重要因素還包括，社會團結、高出生率、低失業率、高收入與貧富差距低、政治自由等。

萬那杜曾是全球最幸福國家

二○○六年七月，英國「新經濟基金」偕同「地球之友」組織發表《幸福星球指數》報告，令人意外的是，全世界最幸福的國家竟然是一個飄零於大洋上，名不見經傳的島國萬那杜（The Republic of Vanuatu），而西方八個強國則無一能進入前五十名。

萬那杜位於夏威夷和澳大利亞之間，是一片由八十四個大大小小島嶼以「Y」的形態拼湊出來的南太平洋島國，它是唯一一年四季可以通過海底郵局把明信片寄往世界各地的悠閒之地。是一個可以近距離觀看猶如「上帝的焰火」一樣垂直噴射的活火山口的快樂之園；是一個珍愛樸素之物，如豬牙、棕櫚葉，能化腐朽爲神奇的國度；是一個擁有二十萬人口、一萬多平方公里、一百多種以上不同語言和方言的文化古國。

若只從經濟指數看，萬那杜是屬於最不發達國家的行列，每人平均GDP一千一百四十美元，每人平均壽命六十九歲，重要產業就是些椰汁、肉乾等簡單初級產品加工業和旅遊業。若從政治角度看，萬那杜自一九八○年擺脫英、法統治走向獨立以來，已經建立了完善的民主議會制度。二〇〇四年，萬那杜被選爲太平洋地區唯一受美國「千年挑戰公司」巨額資助的國家，理由是它「治國公正、爲民投入、鼓勵自由經濟」。

這份「幸福星球指數」是衡量一個國家或地區在全球化進程中的「資源利用有效性」，衡量花費最少的資源卻讓人們過著幸福的生活，旨在警示那些貪婪地掠奪自然資源和肆意破壞生態環境，而一味追逐GDP高成長的一些國家，也是糾正當前人們高消費必然帶來高品質幸福生活的既有觀念。名不見經傳的國家萬那杜以六十八點二的指數榮登「全球幸福國家」的榜首，凸顯出「無需過度使用地球資源，就獲得長久並幸福的人生是可能的事情」。「幸福星球指數」評價說，萬那杜的人民對生活的滿意度明顯高於其他國家，該國對地球生態環境的破壞幾乎爲零。

不丹是另一個高幸福的微型國度

另一個近年頻頻被世人點名幸福度高的微型國家，就是位於喜馬拉雅山脈的高山國家不丹。不丹國王吉格梅．辛格．旺楚克四世（Jigme Singh Wangchuk）自一九七二年繼位以來，已經把一個生活貧困、文盲率居高不下的三流國家改造成富足、民主、人與自然和諧共處受人尊敬的國家，旺楚克是全球第一個穩步使用「國民幸福毛額」

（GNH）來治理社會的國家元首。

他的執政理念是「基本的問題是如何在物質生活和精神生活之間保持平衡，在實現現代化的同時，不要失去精神生活、平和的心態和國民的幸福」。準此，「國民幸福毛額」主要包括發展經濟、保護文化遺產、保護環境和實行良政等內容，其最終目標是讓本國人民過著幸福的生活。

在「國民幸福」理念下，不丹推行「全民幸福計劃」，向全民提供免費醫療，採取限制入境觀光人數政策以保護自然環境，以立法的方式強制規定國土森林覆蓋率。不丹的 GDP 穩步增長，每人平均 GDP 也已高於南亞國家，人民普遍感受到生活幸福。二〇〇五年十月，不丹榮獲聯合國環境署「地球衛士」獎。從富足的西歐國家遠道而來的遊客，都不由得伸出大拇指說：「我們讚賞不丹的 GNH，我們好像回到了心靈的家園。」

不丹在二〇〇八年三月二十五日舉行歷史性的選舉，結束了長達一個多世紀的世襲君主制，加入民主國家的陣營。被視爲對王室最爲忠誠的繁榮進步黨贏得壓倒性勝利，該黨領袖吉格梅．廷里成爲不丹總理。他曾經兩次擔任總理職務，但由於不丹國王結束了王朝統治，吉格梅．廷里擔負起領導國家的職責。他曾說，「選舉在我們的社會中造成了隔閡，我們希望國家團結起來，因此消除這種隔閡很可能就是首要任務。

我們希望人民幸福。我們不願意看到在我們當今的社會中存在任何不和諧。」可見不丹的民主政府還是持續爲人民的「幸福」著想，而且要讓社會和諧。

可是，才短短的兩年，到二〇一〇年公佈的GNH，只有41％的不丹人認爲幸福，可說不丹的幸福國度不再，總理廷里無奈的說，「不丹很快就忘記了自己帶給其他國家的啓示，被突如其來的經濟繁榮沖昏了頭。」他表示，「財富帶來了更多慾望，有些家庭現在擁有四、五輛車，但這些進口的豪華轎車卻很難在我們國家的道路上行駛，因爲它們是爲了路況遠比不丹更好的道路所製造。」於是，爲讓車子行走，乃大興土木開闢山路，進而破壞環境，由電視傳送的畫面看來讓人痛心。

利慾薰心幸福難再

如今不丹政府希望提升民眾對鄉村生活的認同感，也想阻止更多人湧入都市，以免不丹的村落逐漸消失，更想讓不丹人免於愈來愈仰賴進口產品。不過，已嘗受到物質美味的不丹人，尤其是年輕人，聽得進去嗎？能夠再實行關門政策嗎？畢竟「由儉入奢易，由奢入儉難也」！更重要的問題是：不丹由世襲君主制走向民主制，幸福就沈淪，會不會讓世人又對民主制度失去信心，甚至產生負面看法呢？希望不會，世人應該深自檢討的是：人爲何如此脆弱？爲何心靈這麼容易受物質腐化？這與科技的高度發達有關嗎？科技會腐蝕人心嗎？

「低頭族」是二十一世紀初台灣社會的流行名詞，是說時時刻刻低著頭的族群，無論是坐著、站著、甚至於在路上行走，這些人都低著頭，無論在家、在學校、在車上、在會議上、在課堂上，這些人也都低著頭，他們低頭在看什麼？「猛看手機啦」！這種普遍現象顯示現代人受科技吸引之深，人的本質是否逐漸消蝕，進而人心也受腐蝕呢？

我們知道，現代科技產品是「工具」，其本身設計不良或使用者疏忽所產生的不安全性，固然愈來愈高，最嚴重的是有些「人」刻意使用它來戕害同類。所以，讓我們深自思考的是：「人心爲何愈來愈淪喪？」而這種現象與科技的進展是否呈現極高的正向關係？

現代科技的進步幾乎已等同於物質享受的提高，而物質的提升是否會腐化人的心靈？尤其金錢遊戲出現以後，求利的慾望更加速人心的腐化。再加上電腦的威力，讓人際之間已被資訊網路替代，人與人的直接交流愈見淡薄，「人性」也就愈見消蝕。如此一來，我們也有必要提及現代總體經濟學在引導政府以政策追求物質性的「國民所得」之成長上，所扮演的推波助瀾角色。

一來以「量化」作分析基礎的當代總體經濟學只強調物質面，此由「國民所得」

指標的廣泛使用，以及各國政府莫不全力追求該指標的提升，已可得知現代總體經濟學所發揮的威力之強了。二來爲了加速經濟成長，亦即爲求經濟成長率數據的提升，如今大家已都不約而同的強調「科技」，而R&D的促進就是最典型的代名詞，不幸的是，當前所謂的R&D或科技，不但已失去人文理念，甚至於已與生活必需脫節，可以說奇技淫巧已悄悄注入並朝全面掩蓋邁進。此外，生物科技的高度發展，複製人的出現似乎已是早晚之事，「眞人」將何去何從已非杞人憂天的課題了。

「人是萬物之靈」幾乎是每一個人琅琅上口的話語，但其涵義如何恐怕是人云亦云，最直覺的或許是宇宙中的萬物都爲人所用，人就是萬物之首。即便是如此，要當萬物之靈是否必要具備一些基本條件，而且也應該具有比萬物高明的特色呢？是否就是會思考、有智慧，或者是知過能改、具嘗試錯誤（trial and error）這些特質呢？「生命的意義在創造宇宙繼起的生命，生活的目的在增進人類全體的生活」這兩句早年被認爲「八股」話語，才差可作爲特質吧！那麼，如何讓人類這一代的生活增進、如何一代一代繁衍下去生生不息，且生活福祉不斷提升呢？不丹的幸福不再可供作啓示。

27 經濟學的演化

約自一九七〇年代末起，共產國家就風起雲湧放棄共產體制向市場經濟傾斜。蘇聯和東歐諸國，以及中國等指標國，都紛紛採取開放市場、放權讓利措施，儘管在政治體制上有些國家仍堅持威權作風，如中國，但在經濟層面卻不得不往自由開放大步前進。共產世界是這種情況，在民主自由世界裏，則對政府在經濟舞台所扮演的角色有過激烈的變化，我們可經由經濟思潮的演化來了解。

一般而言，經濟科學自亞當．史密斯（Adam Smith, 1723~1790）開始，以迄馬夏爾（A. Marshall, 1842~1924）的新古典經濟學，都主張物品和勞務的交易皆由市場自由操作完成的。政府在經濟體系中毫無地位可言。經由市場機能的運作，社會資源即能達到最適分派的境界。

經濟大恐慌的挑戰

這種境界受到兩方面的挑戰，一爲一九三〇年代世界經濟大恐慌。大量失業的存在，使經濟學家發現凱因斯經濟學才是救世之論。於是乎，政府以政策創造有效總合需求，來促進經濟成長以解決失業的方式，遂成爲要角。

另一方面，傳統經濟學的完全競爭市場受到庇古（A. C. Pigou, 1877~1959）的嚴厲批判。這位「混合經濟」觀念的創始者，在其一九二〇年出版的《福利經濟學》（*Welfare Economics*）中提出了「外部性」和「社會成本」兩個概念，認爲市場並不像新古典理論所假設的那般完美。

庇古指出經濟行爲人的行爲在「無意」間難免對別人造成「傷害」或「有利」，這種外部性無法被決策者考慮進來（污染即爲一例），其結果是一種社會負擔的成本，勢必造成浪費。換句話說，自由市場機能並不必然產生新古典理論所假設的最適結果。完全競爭所假設的模型與實際間產生了諸如「獨占」與「共用財」的缺口，資源分配因之受到損害，這些缺口必須經由政府出面糾正。糾正的方法是：合法擴大政府的經濟角色，來將產業組織運作所產生的外部性予以「內化」。在政府的干預下，「市場失靈」將可被改正，而再度保證社會資源被有效率的使用。在凱因斯的有效需求理論和庇古的福利經濟學庇護下，政府於是躍上經濟舞台，不旋踵即爬上了主角的地位。

凱因斯理論的風光到一九六〇年代末期「停滯膨脹」（Stagflation）產生後，重貨幣學派、供給面經濟學者，以及理性預期學派相繼興起，紛紛對之作無情且致命的撻伐，終使其黯然失色。

另一方面，在過去的四分之一世紀，福利經濟學的文獻都充分解釋市場的不完全性，也說明了政府干預的合理性，甚且進而產生新而更有力的集體干預手段，如「環境經濟學」就是其產物。不過，至少從一九六〇年代起，即有一批新生代經濟學家已開始致力於研究政府干預的極限和缺點，理論上較爲重要的是「公共選擇」（Public Choice）學說，實證上則推「管制經濟學」（Regulation Economics）爲首要。

集體干預能否善用？

布坎南（James Buchanan，一九八六年諾貝爾經濟學獎得主）領銜的公共選擇學者認爲，指明市場體系的不完全性，使我們更清楚集體干預的效果，以及由政府當局支配工具使經濟體系更趨完美，當然是很好的。問題是，政府是否將這些工具作最佳使用？如何保證？又有誰可以保證政府的決策能眞實的反映集體意願？即使「決策」正確而能代表集體利益，誰又能保證政府行爲的結果能符合立法者的意思？他們指出，政府不是萬能的上帝，它也是由個人所組成的，人的本性並沒有變。一個人不管是受私部門或公部門雇用，有機會他也照樣會追求其個人滿足的極大。他們得到一個矛盾的結論：在私部門廠商中，個人行爲較與公益調和；而在官僚體系內的個人，卻更有機會來得到更多自由，以滿足私利。

公共選擇學者基本上認爲，如果存在著「完美」行政系統，則由政府出面來保證公益，是可以糾正市場經濟的不完全。但事實結果，卻往往相反，他們所提供的答案中，最重要的爲「官僚」（Bureaucracy）理論。該理論認爲政府行爲有三種自發性的不利：一爲缺少競爭，其結果是追求成本極小的壓力消失了，生產成本提升將使社會大眾支付較多成本，卻無法得到相對多的服務。二爲政府服務往往生產過度，此因許多政府部門都是「獨占」的，普遍存在「過多投資」的現象。即使需求沒有增加，生產也會提高，因而造成「社會浪費」，這跟私部門的獨占情況是沒有兩樣。三爲控制的無效率，政府係由人民選出的代表監督，但政治力量往往無法正確代表全體人民的集體意願，實際上總是產生過度消費，圖利特定的某一群人之結果。因此，市場失靈固然需要糾正，但由政府來擔此重任卻也產生了「政府失靈」，而後者的弊害似乎更大。

社會計畫價值何在？

管制經濟學旨在分析政府干預的成本和效益。其興起的背景有二：一爲一九六〇年代美國大社會計畫的失敗；二爲經濟學的長足進步，尤其是資訊獲取技巧以及個體經濟理論的更新。他們的實證工作特別在下列三方面有所表現：其一，自美國甘迺迪、詹森總統以來花下大筆經費的社會計畫，諸如掃除貧窮、都市更新、社會安全、種族整合等等，這些計畫對美國民眾的利益何在？特別是那些需要刻意照顧者是否眞的受益？其二，美國聯邦政府對企業的「經濟」、「社會」管制，舉凡貿易、食品、藥物、職業安全、健康保險、航空和交通等等的管制，是否眞的改正了「資本主義的浪費」和「市場無效率」？其三，美國政府的許多特定立法，如最低工資率、失業保險、土地規劃和房屋立法、消費者保護、高中教育補貼、藥物和犯罪的制止、反污染（噪音、黑煙、污水）等等立法，到底有否達成其肩負的目的？

管制經濟學者所要探究的是：管制的結果，是改進資源的分配或抑制呢？美國人民的福利在政府的管制之下，是否眞的增進了呢？

一般而言，二十多年來的實證研究顯示：在管制之前已獨占的企業，並沒有因爲管制而有明顯變動，而管制也沒有改變價格的歧視。至於寡占的企業，如航空和貨運業，管制之前的價格竟然遠較管制之後的價格爲低。

受保護者反而受害

關於掃除貧窮，最低工資法、所得重分配法案以及社會安全等方面立法的評估結果，大多發現與政策目標相違背。結論是：應受保護者反成受害者，而得利者則是利益團體或是中產階級。此外，在消費者立法保護上，實證也顯示消費者並非受益者，反而是特定生產者得到了庇護。基本原因在於：立法管制前，責任鑑定完全由使用者負擔，他們以學習的方式來反映不好的產品，使其在需求減低下被淘汰；而在立法之後，由於學習成本的下降，他們本身乃疏於警覺，只憑藉政府管制之力來保護自己，一旦管制失效，受害的程度往往更大。另一方面，消費者立法的政府管制負責人，其行為像警察而不是消費者和產品的保護者及改進者。舉例來說，美國藥物管制之後的劣藥並不比管制前少，但管制之後的新藥出現速度卻顯著降低，對於消費者的福祉非但沒增，倒是減少了。

在新生代經濟學家的理論和實證雙重交逼下，「政府失靈」愈見明顯，修補的大原則無非是「減低對政府干預的依賴」，以及「依循市場經濟的邏輯運作」。簡單的說，就是讓「自由經濟」重回舞台。

弗利曼在他的《資本主義與自由》（*Capitalism and Freedom*）這本書的一九八二年版前言裏曾說過，當一九六二年該書出版時，由於其論點並非「主流」，幾乎沒有報章雜誌理它，而其在一九八〇年出版的《自由選擇》（*Free to Choose*）一書卻被所有主要的傳播媒體競相報導，銷售量甚爲驚人，該內容的電視節目也甚爲轟動，而且至少被譯成十二種不同的文字。這兩本書同樣都是自由經濟的哲理，兩本書所受待遇的差別，恰可代表過去四分之一世紀以來經濟思潮的演變，他又舉出一九六四年高德華的慘敗，而一九八〇年雷根的大勝（兩者的信念一致）也是自由經濟思潮復活的另一明證。

又走回私有化老路

一九八〇年代以來，美國不斷的出售公營企業，在教育、醫療、住宅等方面也明顯走向私有化；英國政府堅持「私有化」政策，將許多公營企業拋售；社會主義的法國在一九八一年將銀行及多個他種產業收歸國有之後，但隨即在一九八〇年代中期之後也不得不強烈的步向「私有化」及「反管制」的道路；而墨西哥、印度以及其他第三世界的國家也都賣出一些公營企業，而且又計畫賣出更多。令人訝異的是，中共也以超速腳步趕搭私有經濟體制的列車。凡此種種都是「經濟自由」再度抬頭的鐵證。

海耶克（F. A. Hayek, 1899~1992）在一九七四年獲頒諾貝爾經濟學獎，以及其後多位崇尚自由經濟思想者陸續得到該獎的事實，也應就是這種現象和趨勢的反映，這種趨勢可用「自由經濟」的抬頭，也可用「政府退位」、「市場重生」稱之，甚至可用爭議性較大的「尊重個人自由」、「個人主義抬頭」來表示。當一九九〇年代高科技突飛猛進，網際網路一日千里發展，如趨勢專家大前研一所言，在四個「I」——「投資」（investment）、「產業」（industry）、「資訊」（information）和「個人消費者」（individual consumer）的帶動下，「經濟無國界」逐漸明朗，世界貿易組織（WTO）的出現更帶動此趨勢，而「全球化」（globalization）潮流的沛然莫之能禦，致「民族國家的終結」（大前研一在一九九五年出版的一本書名）話語出現了。在此情況下，政府的角色也有更大的變化，尤其在經濟層面上也應該力量更小才對。不過，正如弗利曼在一九九三年二月特地爲其台灣出版的《資本主義與自由》中譯本所寫的序言所說的：

「我很高興，《資本主義與自由》中文版能在台灣發行。雖然該書英文第一版發行於三十年前，但該書所揭櫫的理念乃是永恆的。那些理念適用於三十年前，也適用於今日的環境，而就某些層次言，可說更切合當前的局勢，政府干預市場的年代已因輿論而有所改變；當年批判政府干預屬於極端且激進的論點如今已廣被接受。儘管如此，政府干預的行爲並未隨著觀念的改變而同等變化。

相反的，在美國和其他西方國家，政府的角色自一九六○年代以來，非但沒有減弱，且有增強之勢，今天的政府花掉國民所得的一大部分，採取更多的管制，且更細膩地干預到個人生活。

共產主義的瓦解使我們相信，我們正在進行的任何事情都是正確的。其實不然，似乎我們正努力走向五十年前的共產主義國家之型態，而共產主義國家卻正努力走向七十五年前我們所處的國家之型態。

……

……以美國爲例，我確信反轉目前的方向且改行縮小政府規模和減少侵犯個人事務是極爲迫切的作法。我們的行爲有必要配合我們所說的話。

……美國和其他已開發國家的例子顯示，一旦透過市場機能贏得繁榮之後，常有強烈傾向走向社會主義國家之型態，要維持市場機能的運作可能比導入市場機能來得困難。」

那麼，在全球化熱潮、民族國家面臨終結的大環境下，政府的規模爲何不見得會縮小呢？當二○○八年全球金融海嘯淹沒全球之後，自由市場又受到攻擊，政府管制再次大行其道，尤其各國政府「印鈔救市」、大量舉債來救經濟、拚經濟，以致「大債時代」來臨，而天災人禍愈演愈烈，在在考驗卑微渺小人類的智慧，是否該停止追求無止境經濟成長了呢？

大家一起來過「簡樸生活」！

前行政院長張俊雄，曾要求各部會首長朝美國詩人愛默生所說的「簡樸生活，高超思維」生活模式去落實。不料卻引來冷嘲熱諷，尤其在台灣經濟景氣被認爲低迷的時刻，更被指責爲雪上加霜。不過，個人倒是舉雙手贊成，徹底執行，也期盼全民響應。如此，「永續發展」才不會只是一場夢。且讓我從李家同教授的〈癌症細胞〉一文談起。

李教授在該文中描述其「癌症醫生」朋友老張，收入高得不得了，卻過著簡樸生活，每次都坐公車參與聚會，從不大吃大喝，但對他人的經濟困難會慷慨解囊。六十二歲時老張退休，原因是得了癌症，只剩幾個月的生命，他的兒子也是癌症醫生。讓人納悶的是，老張不久就去世了，同學們都收到訃聞，除了絕對婉謝花圈這些玩意兒外，還有一個「參加者都在指定地點坐他們家租的遊覽車去」的要求。

葬禮時由老張兒子的致詞中揭曉老張這麼快去世的謎底，原來他從頭到尾沒有接受治療。老張還特地錄製一捲錄影帶在其喪禮中播映，他在影帶中說癌症細胞是最健康、最有活力的，癌症細胞的分裂永遠不會停止，於是將人體中其他正常細胞的養分吸得一乾二淨。老張認為健康的人都是癌症細胞，因為健康所以吃得多；因為有錢，所以消耗掉大量資源。可是，地球的資源是有限的，有些人用得多，其他人就要倒楣了。

老張在錄影帶中提醒參與喪禮者：「如果全球的人都像我們這樣地吃遠洋的魚，全地球海裏的魚只夠我們吃一天。」老張也對與會者提出：「如果全世界都像我們一樣地享受，地球上的資源能撐多久？」這個問題。他舉例說：四十年後，石油就用光了。為何老張不接受治療？他的兒子並沒有解釋，但李教授由影帶中看出，老張對於自己的生活好感到內疚，所以他一直儘量過得很簡單。非洲大批人得到愛滋病卻無人得到任何治療，老張雖熱愛生命卻不願自己的生命影響了別人，他不願意自己太健康，因為太健康就是癌症細胞。老張是提到了自己的病，說它不可能痊癒，即使花了很多錢治療，頂多可再活三至四年，這段期間他能做的非常少，卻得花費人類大量的醫療資源。他在臨死之前捐了一大筆錢給一家慈善機構，專作醫治非洲愛滋病人之用。

李家同教授感同身受之餘，日常生活也身體力行趨向簡單，也認同「我們不能生活得太好，我們不該是癌症細胞，我們應該將青山綠水留給下一代，留給別人」的生活原則。畢竟人類自一九七〇年代以來就愈來愈感受到資源的相對貧困。可是，為何「節約」、「安貧樂道」等等口號喊得喧天價響，收效依舊有限呢？我們但見崇尚名牌、炫耀性消費依然是時尚，而前些年在台灣掀起的「卡債、卡奴」問題，其中有部份就是消費至上，甚至是「享受至上」行爲的反映。

在這裏，我們必須嚴肅的提醒，「強調消費、鼓勵消費」的凱因斯理論，以至於總體經濟學中「以消費提升經濟成長率」的理念和政策，都應重新思考。此外，當代基本經濟學以「自利」作爲「行爲動機」和「極大化生產和慾望」爲基本原則，甚至於將「技術進步」、「創新」作爲永續發展萬能丹的觀念，也都必須重新檢視。尤其地球暖化嚴重、天災人禍愈見頻繁的此刻，更是冷靜檢討的良機。

28 透視經濟成長的本質

天災多是人禍造成的

新紀元以來，全球的天災愈來愈頻、愈來愈烈，每次出現總伴隨著感人的救援行動，但發揮愛心之餘也該實質的、冷靜的檢討，爲何全球的天災人禍此起彼落？而且似乎愈來愈大。總不能每次都等災難發生再發揮「短暫」愛心去救苦救難，事後又船過水無痕，沒多久又來一次，這樣子的循環不已，不但會因疲於奔命逐漸呈現力不從心，而且遞減定律也將使愛心削弱，救援資源也會越來越短絀。更重要的是，或許讓人類養成「反正都會有救援乃疏於未雨綢繆」的習性，而且愛心和救援也可能變成政客們和趁火打劫者作秀和揩油的工具。因此，我們應該痛定思痛，跳離浮面思考，往深層的根本內涵去尋根，而後才可能刨根。

首先，世人應都有所體認，說是天災，其實是人禍。以二〇〇四年十二月底那次南亞天災和二〇一一年三月十一日的日本福島巨震海嘯來說，表面禍源是地震、海嘯，但為何會有地震、海嘯的出現？雖然現代自然科學對所謂的「自然現象」多所研究，也有各門學問作專門探討。遺憾的是，似乎愈探討，「自然」愈顯得神秘，畢竟已經被稱為「自然」，就是「自自然然」，亦即「先天就是如此」。雖然每年的諾貝爾獎都在肯定科學家的突破，但也只是一點一滴的突破，浩瀚的宇宙似乎愈鑽研愈神秘迷離。由於最偉大的科學家愛因斯坦最後也都走入宗教，在宗教中尋求寄託和最後歸宿，其實已然告訴世人，「人是多麼渺小」，「敬天敬神是必要的」，「無神論」根本就是歪門邪說，古人的「舉頭三尺有神明」才是明訓。

其次，大自然為何反撲？是不是人類將和諧關係破壞了？現代人不是一直宣揚永續發展嗎？而「生命的意義在創造宇宙繼起的生命」，不是鮮活點出包括人在內的各種生命體的生生不息，不就是永續發展的眞義嗎？人與各類生物，以及大自然所涵括的無數「無形」生命在內的生物，彼此不是應該共存共榮嗎？不是應該發展出足以共存共榮的適當「生存法則」嗎？達爾文的「弱肉強食」是對的嗎？還是「自我設限、自我節制、知所侷限」才是對的呢？古人「仁民愛物」不是挺有道理的嗎？為何人間如今充塞著自私自利的「貪心鬼」呢？古聖賢不是也告誡我們「斧斤以時入山林，林木不可勝用也」的「人與大自然生生不息和諧共存」的基本道理嗎？

人類的力量只能到某種程度

直到現在，全球各地還都是高分貝追求「高經濟成長率」，而且也都以敦促政府帶頭拚的「強力追求」方式猛幹，是否因此而導致「濫用」大自然，也成爲大自然反撲的原因呢？分析至此，腦中浮現出另類經濟學者修馬克（E. F. SChumacher）在一九七三年問世，二〇〇〇年九月中譯本在臺灣出版的《小即是美》（*Small is beautiful*）這本書。修馬克那麼早就大聲疾呼「經濟發展只能『到某種程度』；生命只能複雜『到某種程度』；追求效率或生產力只能『到某種程度』；使用無法再利用的資源只能『到某種程度』；完整人性對細密分工只能忍受『到某種程度』；以『科學方法』代替一般常識只能『到某種程度』。」因而提倡「小即是美」、「少即是多」的觀念，此與當代經濟學開宗明義的「極大化」背道而馳，也與當前被認同的「追求私利人性」迥異。那麼，這種觀念可能被已經是短視近利的「現代人」接受、進而身體力行嗎？當然可能！除了可向上一章引述的醫生老張學習之外，也可向人類最偉大的科學家愛因斯坦學習。

美百貨鉅子成立的研究所

話說一九三〇年時，美國百貨業鉅子 Louis Bamberger 和其妹 Mrs. Felix Fuld 出資請教育家 Abraham Flexner 幫忙建立一個新的科學研究所。Flexner 覺得美國一般的研究所已有許多，乃建議創辦一所新型的高級研究機構，聘請世界一流的學者做研究，而且要讓這些學者有百分百的獨立與自由，沒有任何教學、行政等任務，要做甚麼研究也是研究者自行決定，研究所只負責提供足夠的經費，這所研究機構就是後來著名的普林斯頓高級研究所。

有人向 Flexner 建議聘請一九二一年諾貝爾物理物理學獎得主愛因斯坦先生，Flexner 抱著姑且一試的心理親赴加州理工學院，當面向在該處講學的愛因斯坦說明該研究所的種種，愛因斯坦很感興趣而於一九三三年接受邀請。Flexner 趕忙請教愛因斯坦有何要求，愛因斯坦共提出兩個要求：一是必須接受他的助手麥耶爾且給予正式職位；二是愛因斯坦個人的年薪只要三千美元，而且「若在普林斯頓一年生活不需三千美元，薪水還可以再低。」對於這兩個要求，Flexner 頗感爲難，因爲第一個要求完全沒有問題可以照辦，但第二個要求卻完全違背常理，一般人往往是「多多益善」，能得到的報酬是愈多愈好，怎會有反其道而行的呢？

頂尖科學家的純眞、恬淡

Flexner 的苦惱，不只是覺得如此低薪實在是虧欠愛因斯坦，而且對其他職員又該如何比照呢？於是 Flexner 一次又一次要求愛因斯坦提高薪水，到最後還幾乎是哀求，才好不容易說服愛因斯坦接受一萬六千美元的年薪。三千和一萬六千美元，相差五倍之多，可見愛因斯坦要求三千美元以下的年薪有多麼低，而這應就是愛因斯坦日常生活中的經驗，覺得這些數目的金錢已能好好過日子了，這也可看出愛因斯坦的生活是何等簡樸、簡單，更是典型的「少就是多、小就是美」奉行者。多年前 HBO 電視頻道上播放華德馬殊、甜姐兒梅格萊恩、以及提姆羅賓斯等人主演的一部關於愛因斯坦及其姪女故事的影片，看到片中那幾位人類頂尖科學家的行止，更能體會出眞正頂尖科學家們的純眞、恬淡、如赤子般可愛的人生！（本文描述的愛因斯坦故事係參考自二〇〇四年八月六日《自由時報》，由前台北榮民總醫院郭正典主任撰寫的〈愛因斯坦的風範〉一文）

要跟上愛因斯坦的科學成就應該非常之難，但學習愛因斯坦「生活過得去就好」的「清心寡慾」應該不是難事吧？這種簡樸、克制自己的生活方式不正是當下世人追求並琅琅上口的「永續經濟發展」最需要的嗎？

現代高科技的迷思

我們知道永續發展與技術進步的正向關係被大力強調，當「知識經濟」興起，創新和創意又被重新體認，加上電腦、網際網路的日新月異、無遠弗屆，更讓不少人對現代高科技的無所不能有著高度信心。不過，該問的問題是：將知識導向現代科技和物質面向，對於人類的福祉眞有正面效益嗎？關於這個嚴肅、重要的課題，在一面導向正面評價的現代時，其實無論中外都出現一股反向思考，其能否成爲潮流，關乎人類的能否眞的「永續發展」。關於「永續發展」這個名詞，儘管風行全球，也有不少形諸文字的定義，但「生活的目的在增進人類全體的生活，生命的意義在創造繼起的生命」卻鮮活地道出其精髓，它言簡意賅的指明「人」在宇宙內，不但生命要生生不息，而且所有生命（人）的生活也是不斷地增進。可是，知識經濟下的發展會是這樣的景況嗎？

不可否認的，物質財貨的量大、品質優，以及種類多，已成爲現代人日常生活中最重要的追求標的，而爭權奪利、無所不用其極，也無疑是絕大多數人活生生的寫照。在新興的「知識經濟」流行潮帶動下，這現象是否又再更一層的強化，甚至讓投機、貪婪，以及物化、機械化了的人，更進一步被現代科技無情的摧殘？

讓經濟學回歸「人性」本質

爲何這一股追求物質享受的熱潮會延燒不止？即使在心靈空虛已明顯侵占現代人的此刻，爲何世人還是無奈地隨波逐流？「自我的失落」，以及「觀念的失根」恐怕是關鍵。而特別自一九三〇年代以來一直居於主流的「當代經濟學」也需擔負重大責任。在當代經濟學裡，「慾望無窮」被當成不可懷疑的人性，且積極地以科技進步來使用自然資源、以生產更多物質來滿足永不饜足的欲求，一直以來都被當成天經地義的「福祉增進」。「非物質」或「精神」逐漸被抽離，迄今可說已近蕩然無存。期間雖也出現一些反省，但往往淪爲「異端」、甚至被打成邪說，或者被歸類爲哲學範疇，而徘徊在經濟殿堂之外。雖然環境問題的現實面，迫使主流經濟學思索永續發展，到頭來仍是堅信科技進步是解決良方，仍然未能回歸人性和心靈層面。

一九四九年奧國學派第三代掌門人米塞斯（Ludwing von Mises, 1881~1973）在他的巨著（無論是質或量都可以如此形容）《人的行爲》（*Human Action*）第235頁裡有這麼一句話：「當大多數的大學以『經濟學』這個名目講授的東西，實際上是對經濟學的否定。」六十多年過去了，如今再讀這句話，不但不覺得失效，反而更凸顯其眞確性。正如一九九五年底故世的自由經濟前輩夏道平先生所言：最近這幾十年通用的經濟教科書，屬於技術層面的分析工具，確是愈來愈多，但在這門學科的認識上，始終欠缺清醒的社會哲學作基礎。說得具體一點，也即對人性以及人的社會始終欠缺基本的正確認識。

人有爭取自由的本性

那麼，眞正的經濟學是甚麼呢？我們還是引用夏先生的說法：經濟學是人的行爲學之一部分，但是，問題的發生，是在這句話的那個「人」字的正確概念，沒有被所有唸經濟的人時時刻刻緊緊把握住。經濟學家所必須了解的「人」，與生物學或動物學家心目中的「人」不一樣。經濟學家雖也知道「人」具有一般動物的慾望、衝動、和本能的反應。但更重要的，還是「人」還具有異於禽獸的意念、理智、和邏輯思考。這是人之所以爲人的一大特徵。

人的慾望是會自我繁殖不斷增多的，而其滿足卻要受到外在種種限制。於是在要求滿足的過程中，他不得不有所選擇。選擇，是出於不得已；選擇甚麼，則又力求自由。這就是說：人，並非生而自由的，但具有爭取自由的本性。

由於人性中有上述的特徵，所以在漫長的演進過程中，漸漸學習了爭取個人自由的適當方法。這個方法是要不妨害別人也能爭取，否則終會妨害到自己的自由。這個認知，截至現在，雖還不是人人都有，更不是人人所認知的深度都一樣；但可確信的，只有「人」才會往個別自覺的互動中，形成了分工合作而日益擴大的社會，不同於出自本能的蟻蜂社會。

人類社會的形成與擴大，是由於人的自覺行爲之互動。「互動」之「互」字顯示出主詞的「人」是指的多數，而且多到說不出他們是誰；決不是少許幾個人，更不是像孟軻所稱的「獨夫」那樣的一個人。其互動也是在獨特的環境，各憑其獨特的零碎知識而行爲、而互動，決不是靠一個人或少數人的設計、規劃、指揮、或命令而組織成的所謂「團隊」行爲。

散在社會的知識之匯聚

非團隊行爲的行爲，不正是有些人所說的無政府的混亂狀態嗎？事實上完全相反。因爲團隊的行爲是受制於這個團體主宰者個人，即令他有所謂「智囊團」的幫助，也只是有限的少數人。至於分散在社會上無數個人的知識，個別地看來是零碎的、瑣屑的、乃至微不足道的，當然不能與任何專家系統相比。但是那些散在社會的知識之總和，卻不是任何一個人或一個集團的知識所能攝取其萬一的。即令在將來更高科技時代的電腦也不能納入那些知識的總和。此所以非團隊行爲的行爲不僅未造成混亂，反而是分工合作的社會所賴以達成、所賴以擴大的基礎。用亞當·史密斯（Adam Smith, 1723~1790）的話講，這是「無形之手」的作用；用海耶克（F. A. Hayek, 1899~1992）的話講，是「長成的社會秩序」。

重視「無形之手」，並不意含排斥「有形之手」；尊重「長成的社會秩序」，並不意含排斥「法治的社會秩序」。我們用「重視」、「尊重」這樣的字眼，是要強調有形之手不應牽制或阻礙「無形之手」的運作，只能爲其去礙，使其運行順暢無阻；是要強調法治的社會秩序不應干擾或攪擾長成的社會秩序，只要提供一個有利於後者得以保持活力而無僵化之虞的架構。

以上兩段敘述所談的就是自由市場與政府之間的關係問題。自由市場就是所謂長成社會秩序的一部份。政府就是法治的社會秩序之建立者。政府與市場之間的關係，必須是前者對於後者的運作，只可維護或給予便利，不得有所干擾或阻撓。

由衷遵行「長成的秩序」

對經濟學的此種認識，正是奧國學派的精髓所在，也是將人當人看待，由人的自身由衷地遵行「長成的秩序」，在和諧地分工合作方式下與自然界共存共榮。因此，眞正的經濟學當然強調人類的倫理、道德，以及對市場機能和市場競爭也由衷地遵循。奈何採這種觀點的奧國學派在當今的經濟學領域裡沒有地位，而強調數理與數量化、將人機械化了的經濟學居主流。如今在人心極度沉淪下奧國學派雖然偶爾被提及，但海耶克等人的著作並不好讀，所謂的專業人士都有此感受了，何況對一般凡夫俗子！那麼，到哪裡去找類似正確理念，且足以擔當喚醒心靈、並植根正確觀念的通俗著作呢？

上文已提及的修馬克的《小即是美》應該就是這樣的一本書，雖然其內涵仍有諸多可議之處，尤其在疾呼「到某種程度」或「適可而止」時，似乎朝「政府管制之路」方向，這與其書名副題「一本把人當回事的經濟學著作」不無矛盾之處。但該書把「人」重新找回，確已足以振奮人心，再由該書迄今已問世三十多年觀之，顛撲不破、愈陳愈香應非言過其實，而二〇一一年黛安・柯爾（Diane Coyle）寫作的 *The Economics of Enough: How to Run the Economy as If the Future Matters*（中文譯本《被賣掉的未來：拚經濟不該拚掉我們的未來》）這本書重新詮釋。我們應特別呼籲經濟學者及政府政策制定者，好好讀它們，地球人也應細細咀嚼，而生活態度的改變，回歸簡樸生活，則是每位地球村民必須深自檢討並身體力行的。

29 活在當下的凱因斯

二〇一三年五月二日，美國加州有一場五百名金融顧問和投資者參加的會議，演說者是任教於美國哈佛大學的英國歷史學者弗格森（Naill Ferguson）。他在演說後被問到有關凱因斯（J. M. Keyen, 1883~1946）的名言「In the long run, we are all dead」（長期而言，我們都死了），當場表示「凱因斯的世界觀很自私，他是社會中的『無能』成員，他沒有小孩，也沒有打算生小孩，因爲他是同志；凱因斯雖然曾與一名芭蕾舞者結婚，但他大概寧可和妻子討論詩歌勝過繁衍下一代。」此語一出，全場聽眾鴉雀無聲。

失焦的新聞報導

在場的《財務顧問》（*Financial Advisor*）雜誌記者柯斯提隨後報導弗格森的談話，指出，「弗格森顯然認爲，假如你沒有生小孩或是同志，就不會在乎未來世代或社會發展，簡直是把迫害同志發揮到新的極致」。

StreetTalk Live 網站記者羅伯茲也報導，弗格森似乎暗示，凱因斯的經濟理論有問題，原因就出在他是沒有小孩的同志。弗格森認爲，「長期而言，我們並沒有死，因爲我們的子女就是我們的後裔，而正是凱因斯的經濟理念讓我們陷入目前的問題」。

其實，弗格森的原意應是「長期而言，我們的子女和孫子女等後代依然活著，他們必須面臨我們經濟行動的後果」。但他不該在接受提問時暗示凱因斯身爲沒有小孩的同志，所以不在乎未來，「這是雙重的愚蠢」，因爲沒有小孩的人也同樣關心未來世代，而且他竟然忘了凱因斯的妻子莉蒂亞曾經流產。

眞的是很不幸，這個事件的焦點被引到「凱因斯是個沒有小孩的 gay」，由而對同性戀者的歧視之上，而將「凱因斯理論是短期的、沒有明天的」這個重點忽視，模糊掉了，有必要再扭回來，特別在美國「量化寬鬆貨幣」（QE）政策退場傳言四起，全球股市如雲霄飛車似的在大幅震盪之際（二〇一四年），更應嚴肅看待。

工資物價向下僵固

我們知道，凱因斯理論是在一九三〇年代世界經濟大恐慌出現之後興起的，當時全球經濟崩潰、失業遍野，「供給遠大於需求」普遍存在各個市場，如何讓過剩的供給快速消除才能解決問題。如果市場機能或價格機能得以順利運作，「市場價格下滑」就能讓「供給量減少、需求量增加」而化解難題，可是當時的價格卻出現「僵固」、而且是「向下僵固」，最顯著的是「工資向下僵固」，如此一來，「價格機能」也就運作不了，於是「市場失靈」被高高舉起，而供需失衡乃無可避免成爲一般狀態。

既然無法經由市場價格機能彈性運作來產生需求，凱因斯乃提出「由政府創造需求」，而且還是「有效需求」（effective demand），也就是實實在在的需求，不是空口說白話，也不是只畫在牆上的需求。於是政府踏上經濟舞台當主角的時代揭開了序幕，「總體經濟學」在凱因斯的名著《一般理論》（*The General Theory of Employment, Interest and Money*）問世下誕生了，不旋踵紅遍全世界，而政府以財經政策精密調節（fine-tuning）經濟乃被認爲理所當然。

雖然凱因斯的《一般理論》被產權經濟學名家張五常認爲艱澀難懂，卻有不少學者予以闡述，也產生了一些博士論文，其中最有名的是希克斯（J. R. Hicks, 1904~85, 一九七二年諾貝爾經濟學獎得主之一），他以簡易的45°線與「總合支出線」模型加以闡述，竟然發展出迄今還是主流的「總體經濟學」之基本模型。

凱因斯理論誕生

在此模式中，可以很清楚的看出，經由「支出」或「總合需求」的增加，立即能夠達到充分就業。這個模型有兩點特別値得注意，一爲「乘數效果」；一爲由於強調支出的重要，竟然出現「節儉矛盾」的鄙視「儲蓄」之後果。乘數效果在晚近被嘲諷成「掘地」或「挖洞」理論，亦即當失業人數眾多時，政府集合這些人排成一隊，給第一位一支鏟子在平地上挖洞，「工作」告一段落，亦即挖了一個洞之後，政府給予報酬；而後將鏟子交給第二位，他的工作是將第一位挖出的土再塡回該洞穴，完工之後也由政府發給報酬；第三位接過鏟子後再將該塡入的土挖上來，第四位再把土重新塡好，依此類推。重複挖土工作之後，不但這些失業者都得到了工作，而且他們領取報酬後又進行消費。這些報酬經過消費行爲一再轉手之後，乘數效果就出現了，結果是：政府所支出的數額竟然「創造」了「倍數」的所得。

政府支出的財源可以來自「信用創造」，也可以來自「稅收」，這也就是政府得用「貨幣政策」和「財政政策」來調節景氣的最根本理論基礎。這項「有效需求」藥方的出現，最初是爲了解決失業問題，因而都強調政府扮演增加支出的角色，推而廣之，逐漸演變成政府彌補民間消費支出和投資之不足，進而經由主動從事投資來「引導」民間消費的現象。這也是大家耳熟能詳的「內需」之說法，（必須注意的是，信用擴張易引發通貨膨脹，財政政策則有排擠效果及無效率、浪費、貪汙舞弊情事）。

至於重視有效需求導致「敵視」儲蓄、則衍生出政府強力維持「低利率」以刺激投資的政策。但由於儲蓄的「低利」或「無利」可圖，人民的儲蓄意願受到打擊，投資所需的資金乃轉由政府「創造信用」來挹注。此種通貨膨脹方式的創造需求政策，終於埋下一九七〇年代「停滯膨脹」的禍因。

詭異的「節儉的矛盾」

爲何會有「節儉的矛盾」和「敵視儲蓄」？原因就在凱因斯理論不談時間，也就是只有當下的極短期，由所謂的「凱因斯所得恆等式」就可清楚、明白。以算術式可表示如下：

$$Y=C+I+G+X-M$$

式中，Y爲國民所得或 GDP 或產出，C爲民間消費，I爲民間投資，G爲政府支出，X爲出口，M爲進口。這個式子衍生出很重要的政策意涵，譬如，將此恆等式變爲因果關係式，等號右邊各因素爲「因」，等號左邊的Y爲「果」，於是得出C、I、G、X增加，則Y將增加，M增加則Y將減少，而C的比重最高，因而刺激消費最能促進Y提升。我們知道，減少儲蓄能增加消費，故儲蓄越多，消費越少，Y也將減少。其次，I與利率呈現負向關係，壓低利率可激勵投資，因而低利率政策應採行。第三，（X-M）愈大，Y也將愈大，所以（X-M）不但要正數，數值還要高，由而促進出口，縮減進口，甚至於「一切爲出口」的新重商主義乃大行其道。

對於凱因斯輕視儲蓄，已故的蔣碩傑院士在一九九二年七月十日刊於《經濟前瞻》的〈海耶克與貨幣理論〉一文中說得很清楚，蔣先生寫道……講到儲蓄對社會的效果，凱因斯說：它對社會可說一無功效，它只會將商品的需求減低，使它們難以出售，而它表面上提供的可投資的資金（Investible funds）則會落空；因爲儲蓄的增加，必然使商品的銷售減少，因之售貨商人他們自己儲蓄，必將減少。總結起來，整個社會的儲蓄，未必因一部份人的儲蓄意願的增加而增加。凱因斯還利用國民所得會計來辯論說：因爲國民所得一定等於消費加投資；而消費又依定義等於所得減儲蓄；以之代入國民所得之公式，則吾人即可獲得「儲蓄與投資必然相等」的驚人結論。這一段詭辯，震驚了舉世的經濟學者。難道我們眞的不必費吹灰之力不經由儲蓄就可以有了鉅額資本，使任何國家富強起來嗎？這要是正確的話，世界上不應再有任何貧窮的國家了。可是事實上，非洲及拉丁美洲、甚至亞洲的貧窮國家，爲甚麼會越來越窮呢？這個啞謎，讓世人絞盡了腦汁才能識破，原來據羅伯森（D. G. Robertson）教授精心指出，凱因斯所引用的國民所得的會計原理（即「國民所得總額一定等於消費加投資」）此一公式，只適用於同一時段中的統計數字。而吾人日常所謂以儲蓄資金融通投資的行為，乃指以前一時段中的儲蓄（即上一時段中的所得減去本一時段中預定的消費支出），來融通本時段的投資支出。在考慮這種投資的融通行為時，凱因斯所用的國民會計公式中的儲蓄，就毫無意義了。但是就因為他揪出了這麼一個毫無實際意義的儲蓄，竟使經濟學人困惑了好幾十年，使人將一向被視為一種社會美德的「節約儲蓄」，一變而被視為搶救失業與不景氣的自私自利的行為了。

其實，這都是他將儲蓄與投資定義為同時的數量，而忽略了實際的動態經濟中，它們在時間上先後順序關係的緣故；只有將時間的差別及順序排入，我們才能看出它們的成長與伸縮。事實上，在一九三七年，也就是他的《一般理論》出版後不到一整年，凱因斯就已經覺悟到儲蓄與投資的正確處理，必須有時間順序了。他在和瑞典經濟學者歐林（B. Ohlin，1899~1979，一九七七年諾貝爾經濟獎得主之一）辯論的時候，他已經瞭解，當一個投資計畫到資金市場尋求融通的時候，這投資計畫通常尚未開始執行，而它籌措的資金則必須是已拿到手的、即已經完成的儲蓄；至於他自己所倡導的所謂「一切投資都會自動的因為『乘數原理』（multiplier principle）產生與其等量的儲蓄」的驚人理論，那只是將來可能發生的事情，在籌措資金的當時是借不到手的。所以當上一期已完成的儲蓄不足以融通這一期的投資需求的時候，其差額除了讓利率的上升來消除之外，就只有靠國外資金的流入，以及由銀行系統製造貨幣來補充儲蓄者所提供的舊有貨幣了。

凱因斯早已告訴我們後果了

之所以將蔣先生的文章做完整的引述，因為蔣先生在倫敦政經學院攻讀博士時，即發現凱因斯理論的破綻並爲文批評，特別對「輕視儲蓄」期期以爲不可，他此說法最具權威，畢竟人不只活一時，也不只一世，而是代代相傳永永遠遠，不但有「無數的明天，還要明天更好」，但「沒有儲蓄就沒有明天」，而當今凱因斯理論深印世人心中，尤其決策者奉爲圭臬，難怪今天經濟風暴。天災人禍沒完沒了！

不過，由凱因斯提出的「In the long run, we are all dead」名言可知，他早已明示，他提出的是「短的不能再短」之理論，採用它只能「只活在當下」。

30 冷靜的腦．溫暖的心

讀過前面各章對經濟學的定義、詮釋、重要基本觀念，以及有趣的應用之概要引介後，也許你已準備投入「走向經濟學家」之路。果若如此，在此先得告訴你經濟學家在台灣社會所扮演的角色及大概分類，讓你心底有所盤算、如何抉擇。

人們爲何對經濟學家抱持狐疑的心態，而且時常揶揄經濟學家

表面上看，經濟學者在台灣社會頗爲風光，無論是政府機關、民間機構、各個媒體都時常跟他們請益，曝光率之高，在各個學門專業者中應是名列前茅的，但實際上的影響力卻不大。在其他社會，情況或許更差，爲什麼是這個樣子，值得進一步分析。

人們爲何普遍對經濟學家抱持狐疑的心態，而揶揄經濟學家的事例也屢見不鮮？一九八七年諾貝爾經濟學獎得主梭羅教授（R. M. Solow），就曾在一九八五年針對這個問題，於美國經濟學會（American Economic Association）年會前，在《紐約時報》

撰文說明。他舉出經濟學理過於抽象，有些經濟學家不肯與一般大眾交流，另有些經濟學家卻又強不知以爲知，時常發表一些與個人所學無關的錯誤言論等等理由來作合理的解釋。第一個理由是最常聽到的，然而這本是經濟學理的特色之一，就是因爲經濟學理不是能夠一看就懂，必須一層層的追蹤下去才可豁然開朗，追尋的過程中，是需要耐心和毅力的。不過，比較便捷的辦法就是，由融會貫通的經濟學家將正確而複雜的觀念，作通俗化的工作；不幸的是，這件工作的成效不彰。因爲，一個人的時間畢竟有限，專心投入學術研究工作之後，就很難撥空做一些學院以外的事務。而有些學術不精者，則又時常做些錯誤的交流，久而久之，難免對所有的經濟學家以及經濟學理都造成傷害。

經濟學家應具有「冷靜的腦」和「溫暖的心」

我們可再將梭羅的解釋加以引申，分別就一般大眾和政府官員兩者對經濟學家不信任，甚至產生反感來談。對大眾而言，每個人都在追求自己的利益，相同者會結合團體，爭取對該團體有利的政策。我們知道，經濟學家是根據經濟學理，在某些假設狀況下，求取社會資源最有效的使用，而且目的在使全體人民的平均福祉提升。在達成此目的的過程中，難免有時會作傷害某一方利益的政策建議，而且不會爲特殊利益團體說話，這種六親不認的冷酷作風很難得到一般民眾的欣賞。其實，經濟學家應是具有「冷靜的腦」和「溫暖的心」，對於事情的分析往往極爲透徹，但一般人卻不易察覺，也無法體會。有時經濟學家明明是在設法避免傷害到無辜弱者而提出某些看法，但表面上卻似乎不是如此。以「最低工資法」（在台灣就是「基本工資」）爲例，經濟學家之所以反對，係因他們知道政策的施行難免使那些低所得的「邊際勞工」遭到失業和不能接受職業訓練的命運，這層道理卻不易被理解，由而受到「缺乏俠義心腸」的批評。諸如此類的例子不勝枚舉。

至於政府官員不欣賞經濟學者，主因在經濟學家著重長期的一般情況；但是政府官員卻往往汲汲於短期利益，而且即使會因之導致長期的傷害也在所不惜。因此，即使是自然形成的問題，在問題開始形成之初，根本不想聽從經濟學家的意見而從事未雨綢繆的工作，但當問題發生且至緊迫時，又會要求經濟學家扮救急華陀，開特效藥診治。這個時候往往已是病情嚴重，任誰也無法立即根治，畢竟，七年之病，何能求治於三年之艾呢？在有些經濟學家爲迎合所好，大膽的提供藥方，但卻注定無法即時生效之際，執政者往往又將失敗責任推給經濟學家，於是包括其他的經濟學家在內，就扮演代罪羔羊而成被嘲弄對象。

一九六〇年代末期出現的停滯膨脹，使經濟學家地位一落千丈

在歷史上，經濟學家似曾享有一段風光的日子，那是一九四〇到六〇年代，正當凱因斯經濟學所向披靡的時候，主張政府決策者應以政策工具帶動經濟成長，而且應以政策作爲調節景氣波動的工具。這些主張正迎合政治家（或政客）的歡心，在一拍即合下，兩者緊密合作以控制經濟體系的運作。在那段二十年的歲月，世界經濟確實呈現欣欣向榮，經濟學家也備受推崇。不幸的是，正如凱因斯（John Maynard Keynes, 1883~1946）的名言：「在長期，我們都死光了。」（In the long run, we are all dead），這種飲鴆止渴的經濟政策，短期間似乎有效，長期卻產生後遺症，一九六〇年代末期出現的停滯膨脹局面，使經濟學家的地位一落千丈。而在經濟學界，回復到古典經濟時代，主張政府不應干預經濟事務的呼聲又占了上風。這種反對政府干預經濟事務的說法，又哪會獲得政府決策者的欣賞呢？於是，今日的經濟學家之不獲政府重視，不是頗爲正常嗎？

眞正的經濟學家是以「人的行爲」作分析對象

以上的說明，指出了一個事實，即：經濟學家其實是不易獲得大眾和政府之認同的。不過，陷在這個困境裏，卻也並不表示經濟學家就不能有影響力，也並不表示就

無法受人尊重。但是，今天的經濟學家卻被有些人罵得一塌糊塗，這又是爲什麼呢？除了受到一些不必要的誤解外，還有更深一層的原因。原來，社會上所通稱的經濟學家往往不是眞正的經濟學家。那麼，眞正的經濟學家又是何指呢？專研奧國學派經濟思想、也是前《自由中國》半月刊主筆、一九九五年去世的夏道平先生，在〈經濟學家的思路〉這篇文章裏，提出了很有意思的解釋。他不但延續奧國學派的分法，將所謂的經濟學家分爲眞正的經濟學家和經濟工程師兩類，而且再加上另外一類，此即「爲特定經濟利益者」發言的經濟學家。一般人不能區分這三類，因爲這三類經濟學家「都同樣使用經濟學的一些名詞、術語和某些模型。外行人看到他們發表的文章都在談經濟問題，也就很自然地把他們都稱作經濟學家」。如此一來，那些魚目混珠者有時也分沾被捧滋味，但更多的時候，眞正的經濟學家卻受到連累而揹黑鍋。那麼，到底外行人如何分辨眞正的經濟學家；而經濟圈內人又如何成爲眞正的經濟學家？最簡單的方法就是先分出經濟工程師和特定經濟利益發言人。

特定經濟利益發言人，顧名思義就可明白，不用多言。經濟工程師則是「搬弄一些經濟名詞，以工程師的心態、工程師的技巧，來處理活生生的『人的行爲』所形成的公共經濟事務者，他們輕忽公共經濟事務是千千萬萬的行爲人，形形種種的主觀意志的表象；亦即，忽視了各個人的主觀意志，究竟不同於既定的、客觀存在的、而可以規格化的物料」。以這樣的方式來處理人的行爲，是很容易產生問題的。因此，眞正的經濟學家是以「人的行爲」作分析對象，時時刻刻切記是在處理活生生的「人」的事情，本著自己的專業知識，針對現實的問題作平實的分析。既不刻意討好、迎合某些人；也不蓄意打擊、傷害某些人。在現實社會裏，要當這麼一個獨立超然的「眞正」經濟學家，恐怕並不很容易，何況，既然身爲個人，就有了「理性自利」的本性，難免爲利所誘，到底如何適當把持，是成爲眞正經濟學家的一大考驗。這本小書就是盡量朝此方向，努力引導初學者邁向這條路。

31 經濟學的新浪潮

一九八二年諾貝爾經濟學獎得主，芝加哥大學已故名教授史蒂格勒（G. J. Stigler），曾在一九八四年的一篇文章中說，隨著時代的進步，各種學科之間的界線逐漸模糊，各科學者的工作領域之間交錯的範圍愈來愈廣，物理學和化學之間、動物學和植物學之間的自然科學都已如此，社會科學之間就更不用說了。屬於社會科學分枝之一的經濟學，自亞當・史密斯（Adam Smith）以來，也有激烈的變化，尤其自一九六〇年代以來更發揮其無限的包容力，將其疆土作了極大的擴充。

經濟學與其他社會科學的主要差異，是在研究方法

根據二〇一四年五月去世的貝克（G. S. Becker，一九九二年諾貝爾經濟學獎得主）的說法，經濟學經歷了三個階段的演變：起先，經濟學所研究者限於物質生產與消費，此即傳統的市場理論；接著，經濟學的涵蓋範圍推展到市場現象的全面，此即

將貨幣交易也包括在內；最後，經濟學的研究領域，擴及所有的「人的行爲」以及與其相關的決定。因此，貝克認爲，從物質財貨的觀點對經濟學下定義，是最狹義和最不令人滿意的。而應從稀少的手段和不可得兼的目的來下經濟學的定義，才能達到概括性的要求，這是以問題的性質來給經濟學下定義，並且也點出了經濟學與其他社會科學的主要差異所在，是在研究方法，而不是在主題上。

依著貝克的觀點，凡是關於資源的分配，以及在稀少情況下的選擇和面臨不可兼有的目的時，統統都可當作經濟問題，由而都可應用經濟分析法來處理。就在這樣子的經濟學定義下，許多新的研究源源而出，舉凡犯罪、自殺、利他行爲、社會互動、上教堂、離婚等等課題都可用經濟方法作美妙而神奇的分析，甚至於語文的演變、野生動物的絕種、動物行爲、政治行爲、革命，以及法制結構的演變等也都可用經濟方法作合理的解析。

意想不到的新發展，無限量提升個體經濟學的廣度和深度

這些意想不到的新發展，約略萌芽於一九五〇年代，由芝加哥大學迸發出來的，至一九六〇年代已有頗爲豐盛的成果。這些發展也正是新左派達到顚峰時的一種反擊，對於西方社會（也許將擴及全球）的經濟和政治前途，有著決定性的影響。我們

知道，一九三〇年代凱因斯的「有效需求」總體經濟理論曾掀起一陣革命浪潮，其影響既深且遠，而這一次的新發展也不讓凱因斯革命專美於前，不同的是，它是對個體經濟學的廣度和深度作了無限量的增加。

這個新潮流的發展至少有兩種說法，一爲史蒂格勒教授以經濟學所擴及的學科來區分，二爲李甫基（H. Lepage）以學派的發展作分類。就史蒂格勒的說法，迄一九八四年爲止，在四種社會科學領域中使用經濟分析法的文獻和專家人數已有相當多，它們分別是：法律的經濟學、「新的」經濟歷史、社會結構和行爲的經濟分析，以及政治學的經濟分析（包括經濟生活的管制）。第一個領域係將經濟分析應用到法條和法律制度去，先驅者是二〇〇四年去世的達瑞克特（A. Director），而重要的人物則爲寇斯（R. Coase，一九九一年諾貝爾經濟學獎得主）和波斯能（R. Posner）；第二種領域乃重將歷史事件以經濟分析來觀察，最具代表性者是傅戈（R. Fogel，一九九三年諾貝爾經濟學獎得主之一）；第三個領域的分析主題爲犯罪、種族歧視、婚姻和離婚、生育力，以及家庭等，毫無疑問的，貝克教授是這個領域的領導者；第四個領域再可分成兩種，一爲政黨經濟分析，先驅者是黨斯（A. Downs），一爲法治設計之經濟分析，此即逐漸爲人熟知的「公共選擇」學派，領導人物當然非布坎南（J. Buchanan，一九八六年諾貝爾經濟學獎得主）和都洛克（G. Tullock）這兩位創始人莫屬了，而其受重視也只不過是近三十年的事，這個領域也被人以古老的「政治經濟學」稱之，除了經濟學者參與其中而有很大的進展外，如今也有愈來愈多受過良好訓練的政治學者投身於此課題，而他們所創造的工具也適用於經濟學家，總之，政治學將會改頭換面而不再維持原貌。

李甫基認爲經濟學的新發展係透過五個管道而來，一爲重貨幣學派，二爲人力資本理論，三爲財產權運動，四爲公共選擇學派，五爲供給學派。重貨幣學派由弗利曼（M. Friedman，一九七六年諾貝爾經濟學獎得主）帶頭，早爲一般人所熟知；人力資本理論可說濫觴於舒茲（T. W. Schultz，一九七九年諾貝爾經濟學獎得主）教授，而由貝克教授予以發揚光大，已成爲經濟分析擴展疆土的最犀利武器；財產權的新理論則建立在「財產權降低了交易成本」這個觀念上，寇斯是開山祖師，該理論的知名人物有艾爾秦（A. Alchian）、鄧西茲（H. Demsetz）、諾斯（D. C. North），以及華裔名經濟學家張五常教授等人，除了交易成本外，這個理論的其他三個基本概念是法律理論、經濟組織效率的比較分析、把經濟學的推理應用到歷史之解釋；公共選擇學派的主要任務，是想把一九四〇年代以來，顯示出市場經濟錯誤和失靈的那套技術，同樣用於政府和所有的公共部門之工作上，此派學者想要建立一套公共經濟和集體選擇的一般理論，目的在於用一套相等的、且可能涵蓋政治市場運作的理論，來完成關於市場財貨與勞務生產，以及勞務交換的理論；至於供給面學派則著重於成長和稅制的研究，著名的「拉佛曲線」就是討論適當稅率與經濟成長的關係，此派學者認為，稅率過高會妨礙成長，由而有損稅收，若能將稅率降至適當程度，將會刺激生產活動，經濟成長隨而被帶動，終而使稅收不減反增。

凡是人的行為，皆是經濟學的研究範圍

由上文所簡介的兩種分法來看，史蒂格勒教授的說法可說皆涵蓋於李甫基的分類中，法律的經濟分析包含在財產權運動中，經濟歷史也是，而社會結構和行為的經濟分析則歸屬人力資本理論，至於政治學的經濟分析則就是公共選擇學派的範疇。關於重貨幣學派，在經濟學的發展史中當然有其不可磨滅的地位，其在二十世紀末的蛻變似乎可說是「理性預期學說」的出現，我們由理性預期大師盧卡斯（R. E. Lucas, Jr.，一九九五年諾貝爾經濟學獎得主）口口聲聲稱自己屬於重貨幣學派，就可得知此種說法並不離譜。由此看來，李甫基沒將理性預期也納入經濟學的新發展，而沒在《自由經濟的魅力——明日資本主義》（*Tomorrow Capitalism*）一書中賦予該學派的地位，正像其將供給學派在其書中遺漏一樣可惜。雖然由於老學者為了保有他們的既有利益，往往保守地排斥「創新活動」，但至少在經濟學的發展上，創新卻是擋不住的潮流，

在「凡是人的行爲皆是經濟學的研究範圍」之定義下，經濟學正努力展現其主動攻擊的精神，不斷的開拓疆土。未來若有怪異的理論出現，我們也應是見怪不怪的。不過，更深一層的說，經濟學看似不斷創新、開疆拓土，其實正一步步返還亞當・史密斯的古典世界，把人當人看待，而且針對實際人生和社會進行剖析。最重要的，則是早日尋回史密斯最重視的「倫理道德」這個最根本的基礎。

進修書目

寫作這本書的目的旨在激發讀者對經濟學的研讀興趣，進而誘引讀者參研經濟學。因此，本書只將經濟學的幾個最基本理念作較深入其內涵的介紹，並以個人日常生活的某些行爲當例子，而且對政府在經濟舞台上所扮演的角色之演化稍作分析。希望讀者重新認識經濟學的人性面和現實面。所以，本書僅介紹了經濟學的皮毛。如果讀者果眞燃起研修經濟學的興趣，第一步要踏實的仔細閱讀入門教科書，其間再穿插閱讀一些有趣、重要的應用書。以下就針對這兩類提供幾本進修書目：

一、入門教科書

1. 羅伯特．墨菲（Robert P. Murphy）著，陳宗佑等譯／《大家的經濟學—給年輕人的入門經濟學課程》（*Lessons for the Young Economist*），游藝文化事業有限公司，二〇一三年四月。
2. 邢慕寰／《通俗經濟講話》，三民書局，一九八六年八月。

3. 夏道平譯／《自由社會的經濟學》，遠流出版公司，一九九一年九月。

二、應用參考書

1. 吳惠林／《經濟學的天空》，修訂五版，翰蘆圖書出版公司，二〇〇三年六月。
2. 吳惠林／《生活中的經濟學》，五南圖書出版公司，二〇〇四年十一月。
3. 吳惠林／《台灣自由經濟之路》，華泰文化事業公司，二〇〇二年五月。
4. 吳惠林／《自由經濟大師神髓錄》，增修版，遠流出版公司，二〇〇五年八月。
5. 吳惠林、彭慧明／《蔣碩傑傳—奠基台灣經濟奇蹟的自由經濟導師》，天下文化，二〇一二年十月。
6. 張五常／《賣桔者言》，遠流出版公司，一九八九年五月。
7. 張五常／《中國的前途》，遠流出版公司，一九八九年五月。
8. 夏道平／《自由經濟的思路》，遠流出版公司，一九八九年一月。
9. 夏道平、馬凱、林全、吳惠林譯／《自由經濟的魅力—明日資本主義》，天下文化出版公司，一九八八年。
10. 吳惠林、鍾琴、黃美齡譯／《人民與國家》，遠流出版公司，一九九一年十月。
11. 夏道平譯／《人的行爲》上、下冊，遠流出版公司，一九九一年三月。

12. 海耶克原著，謝宗林等譯，《不要命的自負—社會主義的種種錯誤》，遠流出版公司，一九九五年三月。

13. 亨利．赫茲利特原著，羅耀宗譯／《一課經濟學》，經濟新潮社，二〇〇五年五月。

14. 密爾頓．弗利曼原著，謝宗林譯／《資本主義與自由》，博雅書屋，二〇一〇年五月。

15. 彼得．希夫、安德魯．希夫原著，劉復苓譯，《爲什麼經濟會搞砸？》（*How an Economy Grows and Why It Crashes*），天下文化，二〇一一年七月。

16. 弗雷德里克．巴斯夏原著，黃煜文譯，《看得見與看不見的—人人都該知道的經濟眞相》，經濟新潮社，二〇一二年十二月。

17. 黛安．柯爾原著，李樸良譯，《被賣掉的未來—拚經濟，不該拚掉我們的未來》（*The Economics of Enough*），好優文化，二〇一四年四月。

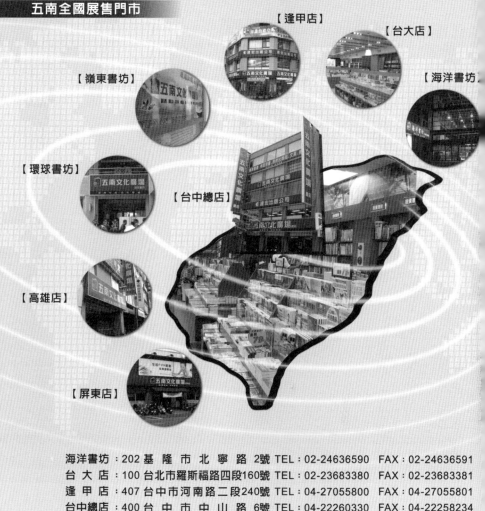

博雅文庫 114

經濟的幸福力：新人生經濟學

作　　者　吳惠林
發 行 人　楊榮川
總 編 輯　王翠華
主　　編　張毓芬
責任編輯　侯家嵐
文字編輯　12舟
封面設計　盧盈良

出　　版　五南圖書出版股份有限公司
地　　址　106台北市和平東路二段339號4F
電　　話　（02）2705-5066
傳　　真　（02）2709-4875
劃撥帳號　01068953
戶　　名　五南圖書出版股份有限公司
網　　址　http://www.wunan.com.tw
電子郵件　wunan@wunan.com.tw
法律顧問　林勝安律師事務所　林勝安律師
出版日期　2014年11月初版一刷
定　　價　新台幣280元

國家圖書館出版品預行編目資料

經濟的幸福力：新人生經濟學／吳惠林著.
-- 初版. -- 臺北市：五南, 2014.11
面；公分

ISBN 978-957-11-7860-8(平裝)

1.經濟學 2.文集

550.7　　103019615